Les simulachres &

HISTORIBES FACES
DE LA MORT, AVTANT ELE
gammêt pourtraictes, que artifi
ciellement imaginées.

Vſus me   Genuit.

A LYON,
Soubz l'escu de COLOI
M. D. XXXVIII

A MOVLT REVERENDE

Abbeſſe du religieux conuent S.Pierre
de Lyon, Madame Iehanne de
Touſzele, Salut dun
vray Zele.

'Ay bon eſpoir, Madame & mere treſreligieuſe,
que de ces eſpouentables ſimulachres de Mort,
aurez moins d'esbahiſſement que viuãte. Et que
ne prẽdrez a mauluais augure, ſi a vous, plus que
a nulle aultre, ſont dirigez. Car de tous temps par mortifica-
tion, & auſterité de vie, en tant de diuers cloiſtres tranſmuée,
par authorité Royalle, eſtant là l'exemplaire de religieuſe reli-
gion, & de reformée reformation, auez eu auec la Mort telle
habitude, qu'en ſa meſme foſſe & ſepulchrale dormition ne
vous ſcauroit plus eſtroictemẽt enclorre, qu'en la ſepulture
du cloiſtre, en laqlle n'auez ſeulemẽt enſepuely le corps, mais
cueur & eſprit quãd & quãd, voire d'une ſi liberale, & entiere
deuotion qu'ilz n'en veullẽt iamais ſortir, ſors cõe ſainct Pol
pour aller a IESVS CHRIST. Leql bon IESVS nõ
ſans diuine prouidẽce vous a baptiſée de nom & ſurnom au
mien vniſonantemẽt cõſonant, excepté en la ſeule letre de T,
letre par fatal ſecret capitale de voſtre ſurnom: pour autãt q̃
c'eſt ce caractere de Thau, tant celebré vers les Hebrieux, &
vers les Latins pris a triſte mort. Auſſi par ſainct Hieroſme
appellé letre de croix & de ſalut; merueilleuſemẽt cõuenãt aux
ſalutaires croix ſupportées de tous voz zeles en ſaincte reli-
gion, Leſqlz zeles la Mort n'a oſé approcher, q̃lq̃s viſitatiõs

que Dieu vous ayt faictes par quasi continuelles maladies,
pour non contreuenir a ce fourrier Ezechiel, qui vous auoit
marquée de son Thau, signe deffensable de toute mauluaise
Mort, qui me faict croire que serez de ceulx, desquelz est
escript, qu'ilz ne gousteront sa mortifere amertume. Et que
tant s'en sauldra que ne reiectez ces funebres histoires de
mõdaine mortalité comme maulsades & melancoliques, que
mesme admonestée de sainct Iaques cõsidererez le visaige de
voltre natiuité en ces mortelz miroers, desquelz les mortelz
sont denõmez cõme tous subiectz a la Mort, & a tãt de mise-
rables miseres, en sorte que desplaisant a vous mesmes, estu-
dierez de cõplaire a Dieu, iouxte la figure racõptée en Exode,
disant, que a l'entrée du Tabernacle auoit vne ordõnançe de
miroers, affin q les entrans se peussent en iceulx cõtempler: &
auiourd'huy sont telz spirituelz miroers mis à l'entrée des Egli
ses, & Cymideres iadis par Diogenes reuisitez, pour véoir si
entre ces ossemens des mortz pourroit trouuer aulcune diffé
rence des riches, & des pouures, Et si aussi les Payens pour se
refrener de mal faire aux entrées de leurs maisons ordõnoiẽt
fosses, & tumbeaux en memoire de la mortalité a tous prea
parée, doiuent les Chrestiens auoir horreur d'y penser: Les
images de Mort serõt elles a leurs yeulx tãt effrayeuses, qu'ilz
ne les veulent veoir n'en ouyr parlementer? C'est le vray, &
propre miroer auquel on doibt corriger les defformitez de
peché, & embellir l'Ame. Car, cõme sainct Gregoire dit, qui
cõsidere cõment il sera a la Mort, deuiẽdra craintif en toutes
ses operatiõs, & quasi ne se osera mõstrer a ses propres yeulx
& se cõsidere pour ià mort, qui ne se ignore deuoir mourir.
Pource la parfaicte vie est l'imitation de la Mort, laqlle soli-
citeusemẽt paracheuée des iustes, les cõduict a salut, Par ainsi.

a tous fideles ferōt ces ſpectacles de Mort en lieu du Serpent
d'arain,lequel aduiſe gueriſſoit les Iſraelites des morſures ſer
pentines moins venimeuſes, que les eſguillons des concu-
piſcenſes,deſquelles ſommes continuellement aſſaillíz. Icy
dira vng curieux queſtionaire; Quelle figure de Mort peult
eſtre par vſuant repreſentée?Ou,cōment en peuuent deuiſer
ceulx,qui oncques ſes inexorables forces n'experimenterent?
Il eſt bien vray que l'inuiſible ne ſe peult par choſe viſible
proprement repreſenter:Mais tout ainſi que par les choſes
crées & viſibles,comme eſt dit en l'epiſtre aux Rōmains,on
peult veoir & contempler l'inuiſible Dieu & incrée.Pareilles
mēt par les choſes,eſquelles la Mort a faict irreuocables paſ-
ſaiges,c'eſt aſcauoir par les corps es ſepulchres cadaueriſez
& deſcharnez ſus leurs monumētz,on peult extraire ſlques
ſimulachres de Mort(ſimulachres les dis ie vrayement,pour
ce que ſimulachre viēt de ſimuler,& faindre ce ſ n'eſt point.)
Et pourtant qu'on n'a peu trouuer choſe plus approchante
a la ſimilitude de Mort,que la perſonne morte,on a d'icelle
effigié ſimulachres,& faces de Mort,pour en nōz pēſees imprimer la memoire de Mort plus au vif,que ne pourroient
toutes les rhetoriques deſcriptiōs des orateurs. A ceſte cauſe
l'ancienne philoſophie eſtoit en ſimulachres,& images effi-
giées.Et ſ biē le cōſiderera,toutes les hiſtoires de la Bible ne
ſont ſ figuresa nře plus tenace iſtructiō.IESVS CHRIST
meſme ne figuroit il ſa doctrine en paraboles,& ſimilitudes,
pour mieulx l'imprimer a ceulx auſquelz il la preſchoit?Et
nōz ſainctz Peres,n'ont ilz par deuotes hiſtoires figuré la
plus part de la Bible,encores apparoiſſantes en pluſieurs
egliſes,cōme encor on les voit au Choeur de ceſte tant vene
rable Egiſſe de Lyō?vrayemēt en celà,& en aultres antiques

A iij

ceremonies admirablement constante obseruatrice, autour
duquel les images là elegâtemēt en reliefz ordonnées, seruēt
aux illiterez de tresutile,& côtēplatiue literature.Que voulut
Dieu,quoy qu'en debatēt ces furieux Iconomachiēs,ꝗ de telles ou semblables images fussent tapissées toutes noz Eglises,
mais ꝗ noz yeulx ne se delectassent a aultres plus pernicieux
spectacles.Donc retournāt a noz figurées faces de Mort,tres-
grādemēt vlēt a regreter la mort de celluy,qui nous en à Icy
imaginé si elegātes figures,auancantes autāt toutes les patro-
nées iusques Icy,cōme les painctures de Apelles,ou de Zeusis
surmōtēt les modernes.Car ses histoires funebres,auec leurs
descriptiōs seueremēt rithmées,aux aduisans dōnent telle ad-
miratiō,qu'ilz en iugēt les mortz y apparoistre tresuiuemēt,
& les visz tresmortement representer.Qui me faict penser,
que la Mort craignant que ce excellent painctre ne la paignist
tant visue,qu'elle ne fut plus crainte pour Mort,& que pour
celà,luy mesme n'en deuint immortel,que a ceste cause
elle luy accelera si fort ses iours,qu'il ne peult paracheuer
plusieurs aultres figures ià par luy trassées:Mesme celle du
charretier froissé,& espaulti soubz son ruyné charriot,Les
roes,& Cheuaulx duquel sont là si espouentablement tre-
buchez,qu'il y à autāt d'horreur a veoir leur precipitation,
que de grace a contempler la friandise d'une Mort,qui furtiuemēt succe auec vng chalumeau le vin du tōneau effondré.
Ausquelles imparfaictes histoires comme a l'inimitable arc
celeste appellé Iris,nul n'a osé imposer l'extreme main,par
les audacieux traictz,perspectiues,& vmbraiges en ce chef
d'oeuure comprises,& là tant gracieusement deliniées,que
lon y peut prendre vne delectable tristesse,& vne triste dele-
ction,comme en chose tristement ioyeuse. Cessent hardi-

ment les antiquailleurs,& amateurs des anciennes images dé
chercher plus antique antiquité,que la pourtraicture de ces
Mortz.Car en icelle voirront l'Imperatrice sur tous viuans
inuictissime des le commencement du monde regnante. C'est
celle que a triumphé de tous les Cesars,Empereurs,& Roys,
C'est vrayement l'Herculée fortitude qui,non auec massue,
mais d'une saulx,a sauché,& extirpé tous les monstrueux,&
Tyraniques couraiges de la Terre.Les regardées Gorgones,
ne la teste de Meduse ne feirent oncques si estranges Metamor
phoses,ne si diuerses trasformatiõs,que peult faire l'intétiue
côtemplation de ces faces de mortalité. Or si Seuere Empe
reur Romain tenoit en son cabinet,tesmoing Lampridius,
les images de Virgile,de Cicero,d'Achilles,& du grand Ale
xandre,pour a icelles se inciter a vertu,Ie ne voy point pour
quoy nous deuons abhominer celles,par lesquelles on est
refrené de pecher,& stimulé a toutes bones operatiõs.Dont
le petit,mais nul pesemét,qu'on met auiourd'huy a la Mort,
me faict desirer vng aultre Hegesias,non pour nous inciter,
côme il faisoit en preschât les biens de la Mort,a mettre en
nous noz violétes mains,mais pour mieulx desirer de parue
nir a celle immortalité,pour laqlle ce desperé Cleobronte,
se precipita en la Mer:puis q sommes trop plus asseurez de
celle beatitude a nous,& non aux Payens,& incredules,pro
mise.A laquelle,puis que n'y pouons paruenir,que passant
par la Mort,ne deuons nous embrasser,aymer, contempler
la figure & representatiõ de celle,par laquelle on va de peine
a repoz,de Mort a vie eternelle,& de ce monde fallacieux a
Dieu veritable,& infallible qui nous à formez a sa semblãce,
affin que si ne nous difformons le puissions contempler face
a face quand il luy plaira nous faire passer par celle Mort,qui

est aux iustes la plus precieuse chose qu'il eut sceu donner,
Parquoy,Madame,prêdrez en bône part ce triste,mais salu
bre present;& persuaderez a voz deuotes religieuses le tenir
nõ seulemêt en leurs petites cellules,ou dortouers,mais au
cabinet de leur memoire,ainsi que le côseille sainct Hierosme
en vne epistre,disant;Constitue deuant tes yeulx celle image
de Mort au iour de laquelle le iuste ne craindra mal,& pour
cela ne le craindra il,car il n'entendra,Va au feu eternel:mais
viens benist de mon Pere,recoys le royaulme a toy preparé
des la creation du mõde.Parquoy qui fort sera,contemne la
Mort,& l'imbecille la fuye:Mais nul peult fuyr la Mort,fors
celluy,qui suyt la vie.Nostre vie est IESVS CHRIST,
& est la vie qui ne scait mourir.Car il a triûphé de la Mort,
pour nous en faire triumpher eternellement.   Amen,

Diuerses Tables de

MORT, NON PAINCTES,

mais extraictes de l'escripture saincte,
colorées par Docteurs Eccle
siastiques, & vmbra⸗
gées par Philo⸗
sophes.

P O V R Chrestiennement parler de la Mort, ie ne scauroys vers qui m'en mieulx interroguer, qu'enuers celluy bon S. P O L, qui par tant de Mortz est paruenu a la fin en la gloire de celluy, qui tant glorieusemēt triumphant de la Mort, disoit, O Mort: ie seray ta Mort. Parquoy a ce, que cè intrepidable Cheualier de la Mort dict en l'epistre aux Thessaloniques. Ie treuue que là il appelle le mourir vng dormir, & la Mort vng sommeil. Et certes mieulx ne la pouuoit il effigier, que de l'accomparer au dormir. Car comme le sommeil ne estainct l'homme, mais detiēt le corps en repoz pour vng temps, ainsi la Mort ne perd l'hōme, mais priue son corps de ses mouuementz, & operatiōs. Et cōme les membres endormiz de rechef excitez se meuuent, viuent, & oeuurent: ainsi noz corps par la puissance de Dieu resuscitez viuent eternellemēt. Nul, certes, s'en

B

la vie de la creature,ainſi mal releuée,ainſi non moindres
deffaulx & perilz,mais trop plus pernicieux ſont en la ſecõde
groſſe.Car ſi durãt le témps que nous viuons en naturalité,
ne viuons bien ſelon Dieu & raiſon,en lieu d'enfanter moũ=
rons,& en lieu de naiſtre ſommes aneantiz,pour autant que
alors l'Ame par ces deffaulx,ne pouuãt entrer ne venir en la
lumiere de la diuinité , eſt engloutie d'ans l'Abiſme iſernal
treſmortifere. Et tout ainſi que par le deffault des ſaiges per=
ſonnes qui ſaigemét doibuént ſeleuer & adreſſer les enfante=
mens pluſieurs creatures meurent au ſortir du ventre ma=
ternel.Ainſi par ſaulte de bons enſeigneurs & parrains en ce
poinct & article que nous appellons Mort,que i'appelle icy
naiſſance,pluſieurs ſe perdent.Doncques ſi pour le premier
enfantement,on eſt tant ſoucieux de trõuuer les plus dextres
& expertes ſaiges femmes que l'on ſaiche.Pour le ſecond,qui
eſt la Mort,ne ſe doibt on trop plus trauailler,pour le recou=
urement des ſaiges & ſainctes perſonnes,qui bien ſçaichent
adreſſer, & conduire à bon port,le fruict de ceſte ſeconde
naiſſance qui va de ceſte vie en laultre,affin que la creature y
peruienne ſans monſtruoſité,ou laideur difforme de peché,
pour autant que l'erreur de ce ſecond enfantement eſt a
iamais incorrigible & inemendable , & non le premier qui
ſouuent eſt corrigé & racouſtré en ce mõde auql les deffaulx
naturelz ſont qlque ſoys pour medicines,ou aultre moyen
aydez & ſecourus.Et pourtãt a choſe de ſi grãde importãce,
il me ſemble que ceſt vng grãd aueugliſſemét,d'en eſtre tãt
negligers comme lon eſt,& ſi mal aduiſez. Si quelcun veult
nauiguer ſus mer,ceſt choſe merueilleuſe de veoir les grans
appareilz de victuailles & d'aultres choſes neceſſaires q lon
faict.Les gēſdarmes & ſoudars,qlle prouiſion ſont ilz,pour

ſoy bien equipper? Auec quelle ſolicitude và le marchant
es foires & marchez? Quel trauail & cõtinuel labeur obmect
le laboureur, pour recueillir fruict de ſon agriculture? Quelle
peine mettent les vngz a bien ſeruir, & les aultres a impericu
ſement cõmander? Eſt il riens qu'on ne face pour entretenir
noſtre ſanté corporelle? Certes tout ce que touche ou appar=
tient au corps, nous le nous procurons auec vng ſoucieux
eſmoy: mais de la chetiſue Ame n'auõs cure ne ſoucy. Nous
ſcauons tresbien que vng iour elle doibt naiſtre, & que au
ſortir de ce ventre du corps n'auons penſé à luy appreſter
draps ne lange, pour l'enueloper, qui ſont les bõnes oeuures
ſans leſquelles on ne nous laiſſe au geron du Ciel entrer. Les
bonnes oeuures certes ſont les riches veſtemens & dorez,
deſquelz Dauid veult eſtre reueſtue la ſpirituelle eſpouſe. Ce
ſont les robes deſqlles ſainct Pol deſire que ſoyons reueſtuz,
affin que cheminons honneſtemẽt. Veillons donc & faiſons
cõme la bõne Mere, que auant que venir au terme d'enfanter
faict les preparatiues & appareilz de ſon enfanton. Ceſt ap=
pareil eſt la doctrine de biẽ mourir, que icy eſt appellée bien
naiſtre. Appareillons nous donc vne chemiſe blanche d'in=
nocence, Vng lange tainct de rouge, d'ardente charité. Vng
cierge de cire, en blanche chaſteté. Vne coiffe d'eſperance.
Vne cotte de foy bãdée de vertuz, pour nous emmailloter.
Vng corail de ſaigeſſe, pour nous reſiouyr le cueur. Et pour
ce que la diuinité, doibt alors eſtre noſtre Mere nourriſſe, &
nous doibt alaicter de ſes treſdoulces mammelles de ſcience,
& d'amour. Nettoyons nous premierement, des ordures &
maulx pris de nature, qui eſt le peché, le viel Adam, l'inclina=
tion de la chair, la rebellion cõtre l'eſperit. Lauons nous auec
l'hermès, comme les enfanteletz qui pleurent en naiſſant. San

Formauit DOMINVS DEVS hominem de li
terræ, ad imaginē suam creauit illum, masculum & fœ
nam creauit eos.

GENESIS I. & II.

DIEV, Ciel, Mer, Terre, procrea
De rien demonstrant sa puissance
Et puis de la terre crea
L'homme, & la femme a sa semblance.

Quia audisti vocem vxoris tuæ,& comedisti
de ligno ex quo preceperam tibi ne come-
deres &c.

ADAM fut par EVE deceu
Et contre DIEV mangea la pomme,
Dont tous deux ont la Mort receu,
Et depuis fut mortel tout homme.

C

Emisit eum DOMINVS DEVS de Para=
diso voluptatis, vt operaretur terram de qua
sumptus est.

GENESIS III.

DIEV chassa l'homme de plaisir
Pour uiure au labeur de ses mains:
Alors la Mort le uint saisir,
Et consequemment tous humains.

Maledicta terra in opere tuo, in laboribus come=
des cunctis diebus vitæ tuæ, donec reuerta=
ris &c.

GENESIS III

Mauldicte en ton labeur la terre,
En labeur ta uie useras,
Iusques que la Mort te soubterre,
Toy pouldre en pouldre tourneras,

C ij

Væ væ væ habitantibus in terra.
APOCALYPSIS VIII
Cuncta in quibus spiraculum vitæ est, mortua sunt
GENESIS VII

Malheureux qui uiuez au monde
Tousiours remplis d'aduersitez,
Pour quelque bien qui uous abonde,
Serez tous de Mort uisitez.

Moriatur facerdos magnus.
　　IOSVE　　XX
Et epifcopatum eius acciplai alter.
　PSALMISTA　　CVIII

Qui te cuydes immortel eftre
Par Mort feras toft depefché,
Et combien que tu foys grand prebftre,
Vng aultre aura ton Euefché.

Dispone domui tuæ, morieris enim tu, & non viues.
ISAIÆ XXXVIII
Ibi morieris, & ibi erit currus gloriæ tuæ.
ISAIÆ XXII.

De ta maison disposeras
Comme de ton bien transitoire,
Car là ou mort reposeras,
Seront les chariotz de ta gloire.

Sicut & rex hodie est,& cras morie‐
tur,nemo enim ex regibus aliud
habuit.

ECCLESIASTICI   X

Ainsi qu'auiourdhuy il est Roy,
Demain sera en tombe close,
Car Roy aulcun de son arroy
N'a sceu emporter aultre chose.

Væ qui iuſtificatis impium pro mu
neribus, & iuſtidam iuſti aufertis
ab eo.
ESAIE · V

Mal pour uous qui iuſtifiez
L'inhumain, & plain de malice,
Et pardons le ſanctifiez,
Oſtant au iuſte ſa iuſtice.

Gradientes in superbia
poteſt Deus humilia=
re.

DANIE.   IIII

Qui marchez en pompe ſuperbe
La Mort vng iour uous pliera,
Côme ſoubz uoz piedz ployez l'herbe,
Ainſi uous humiliera.

D

Mulieres opulentæ surgite, & audite vocem
meam. Post dies, & annum, & vos contur-
bemini.
ISAIÆ   XXXII

Leuez vous dames opulentes,
Ouyez la voix des trespassez.
Apres maintz ans & iours passez,
Serez troublées & doulentes.

Percutiam pastorem,& dispergentur
oues.

Le pasteur aussi frapperay
Mitres & crosses renuersées.
Et lors quand ie l'attrapperay,
Seront ses brebis dispersées.

D ij

Princeps induetur mœrore.Et
quiescere faciam superbiã po
tentium.

EZECHIE. VII

Vien,prince,auec moy,& delaisse
Honneurs mondains tost finissantz.
Seule suis qui,certes,abaisse
L'orgueil & pompe des puissantz.

Ipfe morietur. Quia nõ habuit difci-
plinam,& in multitudine ftultitiæ
fuæ decipietur.
PROVER.   V

Il mourra,Car il n'a receu
En foy aulcune difcipline,
Et au nombre fera deceu
De folie qui le domine.

D· iiij

Laudaui magis mortuos quàm
viuentes.

ECCLE. IIII

J'ay tousiours les mortz plus loué
Que les uifz, esquelz mal abónde,
Toutesfoys la Mort ma noué
Au ranc de ceulx qui sont au monde.

Quis est homo qui viuet, & non videbit
mortem, eruet animã suam de manu
inferi?

P S A L.   L X X X V I I I

Qui est celluy, tant soit grand homme,
Qui puisse uiure sans mourir?
Et de la Mort, qui tout assomme,
Puisse son Ame recourir?

Ecce appropinquat ho-
ra.

MAT. XXVI

Tu uas au choeur dire tes heures
Priant Dieu pour toy, & ton proche,
Mais il fault ores que tu meures.
Voy tu pas l'heure qui approche?

Disperdam iudicem de medio
eius.

Du mylieu d'eulx uous osteray
Iuges corrumpus par presentz.
Point ne serez de Mort exemptz.
Car ailleurs uous transporteray.

E

Callidus vidit malum,& abscōdit se
innocens,pertransi, t,& afflictus est
damno.
P R O V E R.   X X I I.

L'homme cault a veu la malice
Pour l'innocent faire obliger,
Et puis par voye de iustice
Est venu le pauure affliger.

Qui obturat aurem suam ad clamorem
pauperis, & ipse clamabit, & non exau-
dietur.
PROVER. XXI

Les riches conseillez tousiours,
Et aux pauures clouez l'oreille.
Vous crierez aux derniers iours,
Mais Dieu uous fera la pareille.

E ij

Væ qui dicitis malum bonum, & bonum malũ,
ponentes tenebras lucem, & lucem tenebras,
ponentes amarum dulce, & dulce in amarum.
ISAIÆ · X V

Mal pour uous qui ainſi oſez
Le mal pour le bien nous blaſmer,
Et le bien pour mal expoſez,
Mettant auec le doulx l'amer.

Sum quidem & ego mortalis
homo.

S A P.   V I I

Iè porte le sainct sacrement·
Cuidant lè mourant secourir,
Qui mortel suis pareillement·
Et comme lùy me fault mourir·

E iij

Sedentes in tenebris, & in vm-
bra mortis, vinctos in mendi-
citate.
PSAL. C.V.I

Toy qui n'as soucy, ny remord
Sinon de ta mendicité,
Tu sierras a l'umbre de Mort
Pour t'ouster de necessité.

Est via quæ videtur homini iusta: nouiſſa
ma autem eius deducunt hominem ad
mortem.

PROVER.   IIII

Telle uoye aux humains eſt bonne,
Et a l'homme treſiuſte ſemble.
Mais la fin d'elle a l'homme donne,
La Mort, qui tous pecheurs aſſemble,

Melior est mors quàm
vita.

ECCLE. XXX

En peine ay uescu longuement
Tant que nay plus de uiure enuie,
Mais bien ie croy certainement,
Meilleure la Mort que la uie.

Medice, cura te
ipium.

LVCÆ   IIII

Tu congnoys bien la maladie
Pour le patient secourir,
Et si ne scais teste estourdie,
Le mal dont tu deburas mourir.

F

Indica mihi si nosti omnia. Sciebas quòd
nasciturus esses, & numerum dierum
tuorum noueras?
IOB   XXVIII

Tu dis par Amphibologie
Ce qu'aux aultres doibt aduenir.
Dy moy donc par Astrologie
Quand tu deburas a moy uenir?

Stulte hac nocte repetunt ani-
mam tuam, & quæ parasti
cuius erunt?

LVCÆ XII

Ceste nuict la Mort te prendra,
Et demain seras enchassé.
Mais dy moy, fol, a qui viendra
Le bien que tu as amassé?

F ij

Qui congregat thesauros mendacij vanus
& excors est, & impingetur ad laqueos
mortis.

PROVER. XXI

Vain est cil qui amassera
Grandz biens, & tresors pour mentir,
La Mort l'en fera repentir.
Car en ses lacz surpris sera.

Qui volunt diuites fieri incidunt in laqueum
diaboli, & desideria multa, & nociua, quæ
mergunt homines in interitum.

I   AD TIMO.   VI

Pour acquerir des biens mondains
Vous entrez en tentation,
Qui uous met es perilz soubdains,
Et uous maine a perdition.

Subito morientur, & in media nocte turba=
buntur populi, & auferent violentum
absq̨ manu.

IOB   XXXIIII

Peuples soubdain s'esleueront
A lencontre de l'inhumain,
Et le uiolent osteront
D'auec eulx sans force de main.

Quoniam cùm interierit non sumet se-
cum omnia, neq cum eo descedet glo-
ria eius.

PSAL. XLVIII.

Auec soy rien n'emportera,
Mais qu'une foys la Mort le tombe,
Rien de sa gloire n'ostera,
Pour mettre auec soy en sa tombe.

Spiritus meus attenuabitur,dies mei bre-
uiabuntur,& folum nihi fupereft fepul-
chrum.

I O B   X V I I

Mes efperitz font attendriz,
Et ma uie f'en ua tout beau.
Las mes longz iours font amoindriz,
Plus ne me refte qu'un tombeau.

Ducunt in bonis dies suos,&
in puncto ad inferna de
scendunt.

I O B   X X I

En biens mõdains leurs iours defpendẽt
En uoluptez,& en triftefle,
Puis foubdain aux Enfers defcendent,
Ou leur ioye paffe en triftefle.

G

Me & te sola mors sepa-
rabit.

RVTH.　　I.

Amour qui unyz nous faict viure,
En foy noz cueurs preparera,
Qui long temps ne nous pourra suyure,
Car la Mort nous separera.

De lectulo super quem ascendi-
sti non descendes , sed morte
morieris.
IIII　REG.　I

Du lict sus lequel as monté
Ne descendras a ton plaisir.
Car Mort t'aura tantost dompté,
Et en brief te uiendra saisir.

G ij

Venite ad me qui onerati
estis.
MATTH. XI

Venez, & apres moy marchez
Vous qui estes par trop charge?
C'est assez suiuy les marchez:
Vous serez par moy decharge:

In sudore vultus tui vesceris pane
tuo.

GENE. I

A la sueur de ton uisaige
Tu gaigneras ta pauure uie:
Apres long trauail, & uisaige,
Voicy la Mort qui te conuie.

G iij

Tout homme de la femme yssant
.Remply de misere,& d'encombre,
Ainsi que fleur tost finissant.
'Sort & puis fuyt comme faict l'umbre.

Omnes stabimus ante tribunal domini.
ROMA.   XIIII
Vigilate, & orate, quia nescitis qua hora
venturus sit dominus.
MAT.   XXIIII

Deuant le trosne du grand iuge
Chascun de soy compte rendra,
Pourtant ueillez, qu'il ne uous iuge,
Car ne scauez quand il uiendra.

Memorare nouissima,&
in æternum non pec
cabis.

ECCLE.   VII

Si tu ueulx uiure sans peché
Voy ceste imaige a tous propos,
Et point ne seras empesché,
Quand tu t'en iras a repos.

FIGVRES DE LA MORT
moralement descriptes, & depeinctes
selon l'authorité de l'scriptu
re, & des sainctz Pe·
res.

Chapitre premier de la premiere figurée
sace de Mort.

VI est ce, qui à laissé la Pierre angulaire?
dist Iob. Sus lesqlles parolles fault noter **Iob.18.**
que la pierre est dicte en Latin lapis, qui
selon son ethimologie, vient de selion
de pied. Car aux cheminãs quelque soys
se rencontrent les pierres, & par l'offen-
dicule qlles sont aux piedz, souuent sont
trebucher les gens. Qui nous figure la
Mort, qui ainsi a l'improuueu les cheminãs tant plus rudemẽt
frappe, & prosterne, d'autãt qu'elle les trouue plus asseurez,
& non aduisez. Or la pierre angulaire est faicte en sorte, que
en quelque sorte qu'elle tombe, elle demeure droicte, à cause
de son equalité. Aussi la Mort pareillemẽt esgallemẽt tom-
bante, esgalle aussi toutes puissances, richesses, haultainetez,
& delices en vng coup les desrompant. Et n'est qui puisse à
son impetuosité resister. Comme il est figuré par Daniel là, **Daniel.2.**
ou il veit la statue de Nabuchodonosor. Le chef de laquelle
estoit d'or, les bras & la poictrine d'argẽt, le corps ou le vẽtre
darain, les cuysses de fer, & auoit les piedz faictz seullement
de sange. S'ẽsuyt apres, Il y a vne pierre de la mõtaigne taillée

H

fans mains,&frappie la ſtatuē par les piedz ſut briſee,& re-
duicte en cendres.Qui n'eſt aultre choſe,que la figure d'ung
grand riche homme ayant la teſte dor par la nobleſſe de ſon
ſang,& lignaige.Les bras,& poictrine dargent par la grāde
richeſſe,quil a acquiſe par ſoucy & trauail. Le corps,& le
vētre,qui eſt d'arain,ſentend le renom'qu'il a, Car larain eſt
ſonoreux.Par les cuyſſes de fer eſt denotēe la puiſſance,&
force qu'il a.Mais le pied de terre,& de fange,nous ſignifie ſa
mortalité. La pierre eſt taillēe de la montaigne de diuine iuſtice. Eſt aſcauoir humaine Mort,laquelle n'eſt fabriquēe de
la main de Dieu. Car Dieu n'a faict la Mort,& ne ſe delecte
en la perdition des viuans;mais ce ſont nōz miſerables pre-
miers parentz,qui luy ont donné celle force. Laquelle frap-
pant a l'improueu les hommes,rend tous trebuchant. Car
ſon impetuoſité eſt tant incertaine en ſa maniere de faire,&
en quel lieu,& en quel tēps elle doibt aduenir,que humaine
prudēce eſt inſuffiſante d'y pouuoir obuier.Parquoy ſainct
Augu. in
ſolilo.).
Auguſtin diſoit.Celle opportune Mort en mille ſortes tous
les iours rauit les hommes. Car elle opprime ceſtuy par
fiebure,& ceſt aultre par douleurs. Çeſtuy eſt conſumé par
famine. Laultre eſtaint par ſoif. La Mort ſuffocque l'un en
eaue. Laultre elle deſtruict en flammes.Elle occiſt l'un au Gibet. Laultre par les dentz des beſtes ſauluaiges,Laultre par
fer,& laultre par venin. Par ainſi la Mort par tous moyens
contrainct l'humaine vie finir miſerablement. Et ſur toutes
les miſéres ceſt choſe miſerabiliſſime de ne veoir riens plus
certain,que la Mort,& riens plus incertain,que de l'heure
qu'elle doibt venir.

Chapitre de la ſeconde face de la Mort
moralement depainte.

L ſeſt faict, dict le liure des roys, cornes de fer. Il
ſault ſcauoir, que nature à ſi bien proueu aux beſ
ſies pour leur defenſion, que au lieu des armes,
de quoy elles ne ſcauent vſer, elle à baillé a celles,
qui n'ont dentz pour mordre, cornes pour ferir, & ſignam=
mēt à dōné deux cornes aux beſtes pour ferir de tous coſiez.
Ainſi la Mort beſte cornue, armée de deux treſaigues cornes,
affin qu'elle fiere a dextre & a ſeneſtre, ceſt a dire, affin que
ieunes & vieulx, pouures & riches meurtriſſe de ſes attain=
ctes, tient indifferamment vng chaſcun ſoubz ſa puiſſance
& force, ce que veit en figure Daniel eſtant a Suze deuānt la
porte du palus, ou il veit le Mouton ayant haultes cornes, &
l'une plus haulte que l'aultre: & ventilloyāt ſes cornes contre
Orient, & cōtre occidēt, contre Mydi, & côtre Septentrion,
& toutes les beſtes ne luy pouuoyent reſiſter: qui n'eſt aultre
choſe, que la figure de celle Mort, qui à deux cornes. Et ſi lon
en euite l'une, lon ne peult fuyr l'aultre. Elle frappe en Oriēt,
c'eſt aſcauoir en l'eage puerile, & en l'Auſtralle region, qui eſt
en la iuuentude immunde & chaleureuſe. Elle frappe auſſi en
Septentrion froid & ſec, qui eſt en la vieilleſſe. Puis en Occi=
dent. Car aulcuns iuſques a decrepite elle attend, & ceulx là
fiert plus moleſtement daultant que plus l'ont precedée, ge=
miſſemens & douleurs, de la ſalut nō eſperée. Et a ce propos
diſoit Seneq. Il y à aultres genres de mortz qui ſont meſlez
d'eſperance. La malladie à faict ſon cours quelque foys lin=
flammation ſeſtainct. La mer reiecte hors pluſieurs qu'elle
auoit englouty. Le Cheuallier reuocque ſouuent le couſteau
du chef de celluy quil vouloit occir. Mais de celluy lequel
decrepite cōduict a la Mort, n'à choſe en quoy il eſpere. Mais
le bon Seneque en ſon liure des naturelles queſtions baille vng

3. Reg. 1.

Daniel 8.

H ij

bon remede pour n'eſtre côſterné au dur poinct de la Mort,
diſant. Fais que la Mort te ſoit familiere par cogitation, affin
que ſi ainſi le permect fortune, que tu ne la puiſſe ſeullement
attendre, mais que auſſi hardiment luy voiſe audeuant.

Chapitre de la tierce face de la Mort.

I les larrons, & malfaicteurs ſe ſcauoient transformer, & deſguiſer es lieux, ou ilz ont faict le mal,
ſouuētesfois ilz euiteroiēt le Gibet, ou les peines
de iuſtice. Mais nous voyons cômunement adue-
nir, qu'ilz ſont touſiours pris a l'improueu, & que le pechê
les maine ainſi, que la plus part d'iceulx ſe viennent bruler a
la chandelle. Semblablemēt ſi les pecheurs de ce môde, apres
ce, qu'ilz ont offencé Dieu, ſe ſcauoient transformer, & tranſ-
porter de peché par penitence a grace, l'eternel Iuge ne les
recongnoiſtroit pour les condemner aux eternelles peines.
Mais pource qu'ilz ſe confient a leur ieuneſſe, & ſanté corporelle, ou a leurs biens temporelz, la main du iuge par ſon
bourreau, ou ſergēt, c'eſt a dire par la Mort, les ſurprēt alors,
qu'ilz penſoient eſtre les plus aſſeurez. Ainſi en print il au
roy Balthaſar. Lequel, comme recite Daniel, ſeit vng grand
banquet a ſes gētilzhômes, abuſant des vaiſſeaulx du Tēple,
eſquelz il donnoit a boire a ſes concubines, & a celle heure
apparut vne main eſcripuāte en la muraille de ſon Palaix, ces
troys motz, Mane, Thethel Phares. Laquelle viſion eſtonna
ſi fort le Roy, qu'il ſeit appeller tous les Magiciens Caldées,
& deuineurs de ſon royaulme leur promettāt grandz dons,
ſilz luy expoſoient le ſens de celle eſcripture. Mais tous ces
enchāteurs ny entēdoient riens. Finablemēt Daniel là amené

les expofa en cefte forte.Mane,c'eft a dire,ton Royaulme eft
denombré,o Roy,pour te dôner a entendre que le nombre
des iours de ton regne eft accôply.Thethel,veult a dire,que
tu es mys es ballances,& te es trouué treslegier.Phares figni-
fie diuifé.Pour monftrer que ton regne fera diuifé,& donné
a ceulx de Perfe,& de Mede.Et cela fut accomply la nuict
fuyuante,ainfi que dict le Maiftre des hiftoires. Mais quelle
figure,& face de Mort nous baille ce Balthafar,qui eft inter-
preté,Turbation,& defigne le pecheur ingrat,duquel Dieu
à long temps attendue la conuerfion,& ne f'eft cônuerty.A
caufe dequoy la diuine fentence irritée enuoye contre fon
chef perturbation.Pource qu'il abufe des vaiffeaulx du Tem
ple.Car il employe la memoire,la voulenté,& l'intelligence
aux voluptez,& terriênes delectations,lefquelles debuoient
eftre occupées aux biens fpirituelz,& celeftes côtemplations.
Mais quand il penfe viure plus feurement,& plus heureufe-
ment,& floriffant en ieuneffe,enuironné de delices,plaifirs,
& profperitez de corps,& de biens,la Mort repentine ruant
fus la fallace & fugitiué efperance,fus laquelle le miferable fe
fondoit,la brife,& abolly. Et alors ce chetif Balthafar,c'eft a
dire le Pecheur,preuenu de cefte non preueue perturbation,
faict venir a luy les Caldees,c'eft afcauoir les medecins,leur
promettât grand falaire,filz le peuuét preferuer de la Mort.
Mais tous les medecins,ne toutes les drogues,ne peuuent
expofer la caufe de cefte efcripte malladie au mur de fon
corps,& ne fcaiuent refifter que la Mort,là enuoyée,ne face
fon office. Car Daniel,c'eft a dire la diuine fentence,& irreuo
cable diffinitiô,fera executée.Par ainfi eft dict,que le nombre
du regne eft nombré,pour ce que accomply eft le terme de
ce pecheur,qui ne f'eft amendé,Combien que Dieu l'ait lon-

guement attendu. Et si est mys a la balance de l'examen, ou il
est trouué estre fort amoindry. Car il n'a eu cure de garder
l'image de son Createur, & les talentz a luy commis, qui sont
la memoire, intelligence, & la voulenté, il les a dissipées sans
en faire gaing, ne prouffit spirituel, bien qu'il sceut que le Sei
gueur, qui les luy auoit baillées, en attédoit la spirituelle vsu
re. Et pource la sentêce diuine est donnée contre luy, que son
royaulme soit diuisé, c'est a dire son corps, qui est en deux re=
gions, c'est asçauoir, en la spirituelle & corporelle que sont
l'Ame, & le Corps: dont vne part en sera dônée aux vers qui
sera le Corps pour le rouger, Et l'Ame au feu d'Enfer, pour
y estre perpetuellement tormentée, qui est la face de Mort
treshorrible, de laquelle Dieu nous vueille preseruer; & la
quelle on doibt craindre a veoir.

Chapitre de la quarte face de Mort.

Nuoyez les faulx. Car les moissons sont meures,
dict Iohel, au bon agriculteur, qui ne laisse son
champ oysif quand il voit le temps venu qu'il
fault recueillir les grains. Car, apres ce qu'il en a
leüé le fromêt, il y seme Raues, ou aultres choses aptes a croi=
stre. Parquoy il est soliciteux, de moissonner les bledz, quand
ilz meurissent. Pareillement l'Agriculteur de ceste présente
vie est Dieu, & vng chascun de nous est la moisson, qui doibt
en ce champ fructifier. Nous voyons que les semences sont
laissées au champ iusques au temps de moisson; & alors sont
faulchées auec la faulx, & ne les y laisse on plus, & les meures
sont auec les non meures moissonnées. Or, pour parler a
propos, Dieu en ceste vie nous côcede le temps de moisson=

ET FACES DE LA MORT.

ner,affin que venans a la meurée moiſſon,ſoyons remis es
greniers du Seigneur,c'eſt aſcauoir en la vie eternelle,& ne
ſoyons tranſmis auec les pailles pour brusler.Et ſi nous ne
produiſions fruict en temps deu,la diuine iuſtice ne nous
permettra plus demeurer en ce champ:mais auec la faucille
de la Mort nous fauchera du champ de ceſte preſente vie,
ſoit que nous ayons produict doulx,ou aigres faictz. Cela
bien preueit ſainct Iehan en ſon Apocalypſe quãd en viſion
luy fut monſtré vng Ange,auquel fut cõmandé,qu'il moiſ- Apo.14.
ſonnaſt.Pource que les bledz eſtoient meurs.Venue(dict il)
eſt l'heure qu'il fault moiſſoner.Et il miſt ſa Faucille en terre,
& moiſſonna. Et là ſenſuyt enapres. Et l'aultre ſortiſt qui
auoit vne Faulx aigue,& l'Ange,qui auoit la puiſſance ſus le
feu,dict a celluy,qui auoit la ſaulx.Metz dict il,la ſaulx aigue,
& vendãge les bourgeons de la vigne.Ce qu'il feit,& ce qu'il
vendangea,il le miſt au lac de l'ire de Dieu. Que nous ſignifie,ou figure ceſte Faulx,ſinon la Mort humaine:& a bonne
raiſon.Car combien que les eſpicz des bledz quiand ilz ſont
au champ ſoient l'ung plus grand que laultre,& plus longs,
ou plus gros,toutesfois vers la racine pour le couper de la
faucille ſont trouuez tous eſgaulx. Et ainſi faict la Mort aux
humains.Car iacoit ce que au champ d'humaine vie,l'ung
ſoit plus hault,plus excellent que laultre par la grandeur de
nobleſſe,ou de richeſſe,toutesfois la Mort en les moiſſonnãt
& les reduiſant en Gerbes,ſi quelcun les aduiſe bien,il les
trouuera tous eſgaulx. Nous en auõs l'exemple en Diogene,
qui ne peult trouuer aulcune difference entre les os des nobles,& ignobles. Dont ie prens la premiere Faucille pour la
Mort des iuſtes,qui au champ de ceſte preſente vie,entre les
buiſſons d'aduerſitez labourans ſont eſprouuez , puis par

uenuz a parfaicte maturité, sont moissonnez, affin qu'ilz ne
soyent plus subiectz aux dángers des tempestes, & gresles de
ce monde : & affin que la chaleur ne leur tombe dessus. Et
la Mort de telz est precieuse deuant Dieu, Quant a l'aultre
Ange tenát la faulx tant aigüe, qui moissonne les bourgeons
de la vigne, c'est la Mort des pecheurs, de laqlle le Psalmiste
dict. La Mort des pecheurs est mauluaise. Et c'est le Diable,
qui á la puissance sus le feu eternel, que Dieu luy a baillée, &
que par la permission de Dieu commande les pecheurs estre
vendengez, & estre rauiz de la vigne de ceste presente vie,
c'est ascauoir quand ilz ont accomply leur malice, quand
en temps deu, & attendu au lieu de produire doulx raisins,
ont produict ameres Lambrusques, perseuerans en iniquité,
& malice sans côtrition ne repentáce, & faulchez de la vigne,
sont gettez au lac Infernal, ou ilz seront foullez, & leurs ope-
rations estainctes. Parquoy bien disoit de telz sainct Augustin, C'est la peine de peché tresiuste, que vng chascun perde
ce, de quoy il n'á bien voulu vser. Car qui n'á faict fruict en
ce monde, dequoy sert il, que pour le coupper, & mettre
au feu?

Augu.1.
confes.

Chapitre de la cinquiesme figurée face
de la Mort.

Mat.24. ON sans grande figurée similitude de la Mort est
il escript en sainct Matthieu. Comme sort l'esclair
du tonnerre en Orient. Et fault entédre, que c'est
vne mesme cause de l'esclair, & du tonnerre, &
quasi vne mesme chose: mais elle est apperceue par deux sen-
timens. C'est ascauoir de l'ouye, & de la veue: & l'esclair est
plus tost veu, que le tonnerre n'est ouy. Mais toutesfoys ilz
viennent

viennent tous deux enfemble. Et cefte priorité ne vient que
de la partie du fentiment. Car l'efpece vifible eft plus toft mul
tipliee, que l'entedible, côme on le veoit par experiêce, quand
on frappe d'ung grand coup quelque chofe, le coup eft plus
toft veu, que le fon du coup n'eft apperceu de ceulx, qui font
de là loingtains. Ainfi eft il du tonnoirre, & de l'efclair & fulguration d'icelluy. Mais qlque fois le tônerre, & l'efclair frap
pent tout en vng coup, & alors il eft fort dâgereux. Car c'eft
figne, qu'il eft pres de nous. Par ainfi nõ fans caufe la faincte
efcripture appelle la Mort fulguratiõ, Car le cours de l'efclair
eft D'oriêt en Occident. Et le cours de la Mort eft de la natiuité iufques a la fin. Pourtant cefte Mort eft femblable à ce,
que lefcripture crie. Car quand elle dict. Il eft eftably à tous
les hômes de mourir vne foys, Nous voyons côtinuellemêt
cefte fouldre frapper ceftuy, & ceftuy cy. Mais nous ne oyõs
la voix du difant. Tu mourras, & ne viuras. Et pourtant en
aulcune facon ne croyons que debuons mourir. Côme on le
voit par exemple de celluy, qui eft en vne nauire, & obuie a
vne aultre, qui eft nauigante fur mer, & luy femble que la
fienne ne fe bouge, & que laultre face feullemêt chemin, com
bien que toutes deux voifent auffi toft l'une q l'aultre. Ainfi
les hommes en la chair, viuans felon la chair voyent côti-
nuellement le decours, & fin de la vie prefente vers chafcun.
Et toutesfois ilz pêfent eftre îmortelz. Mais c'eft alors chofe
fort perilleufe, quâd la Mort eft tout enfemble ouye & veue.
Car on n'y peult pouruooir. Semblablemêt c'eft chofe fort
dangereufe quand le pecheur ne oit la diuine efcripture en
fa vie, mais attend experimenter quand la Mort foubdaine
le viendra frapper. Car alors n'y pourra il donner remede,
côme dict Seneque, O toy incenfe, & oublieur de ta fragilité,

I

Exo.li.9. si tu crains la Mort quand il tonne,& non deuant.Nous en
lifons vne belle figure en Exode là ou il eſt eſcript,que par
toute l'Egypte furent faictz des tonerres,& des eſclairs meſ
lez de feu auec de greſle,& de tempeſte. Et les iumentz,qui
furent trouuées hors les maiſons, ſont mortes. Or l'Egypte
eſt interpretée tenebres,qui nous repreſente l'aueuglificmēt
des pecheurs ayans yeulx,& nõ voyans,Certes les ſoubdains
tonnerres & ſouldres,ſont faictes quãd auec la mortelle infir
mité,la gehaine d'Enfer les ſurprent. Et pource que hors des
maiſons de penitēce ilz ſont trouuez vagans par les champs
de vanité de ceſte vie preſente,pourriſſans cõme iumētz aux
ſumiers de la chair,deſcendãt ſur eulx la tempeſte de repētine
Mort,ſoubdain ſont eſtainctz. Et des Diables moleſtez ſont

Grego.
liu.6.
mia, rauis à l'heure de la Mort.Dont ſainct Gregoire a ce propos
diſoit.L'antique ennemy pour rauir les ames des pecheurs
au temps de la Mort desbride la violēce de cruaulcé,& ceulx
que viuans il à trompé par flateries,ſencrudeliſant les rauit
mourans. Bien debuons nous donc ouyr le tonnerre de la
ſacrée eſcripture diſant.Là ou ie te tronueray,ie te iugeray.
Pourtant nous enſeigne le Saige à conſiderer noz derniers
iours,affin que ne pechons,mais ſoyons touſiours preparez,

Grego.
li.mora. Parquoy diſoit ſainct Gregoire, Qui cõſidere coment il ſera
à la Mort,ſe tiendra deſià pour mort.

Chapitre de la ſixieſme figurée face de la Mort.

Neemie.8 Iſant ce qu'eſt eſcript en Neemie le Prophete.Le
peuple eſt congregé deuant la porte des eaues,
L'ay ſus cela contemplé,qu'il n'y à aulcune voye
tant longue,qui par continuation de cheminer,

ET FACES DE LA MORT.

ne foit quelquefois acheuée, mais quelle aye quelque bout,
ou fin. Semblablemēt cefte prefente vie, c'eſt vne vóye entre
deux poinctz enclofe & terminée, c'eſt aſcauoir entre la natiuité, & la Mort. Et pourrāt nous fommes tous viateurs, dōt
il nous fault venir au terme, & a la porte, c'eſt aſcauoir a la
Mort, qui eſt dicte la fin de la prefente vie, & le cōmencemēt
de la fubfequente. Il eſt bien vray, que quelque fois la porte
eſt ardue. Et pource qu'elle eſt eſtroicte, il fault les entrās par
icelle eſtre defchargez, & agilles, affin que pour le faix de
quelque chofe empefchez ne puiſſions entrer, & que foyons
forclos. Plus fpirituellement parlant aux fidelles, defirans la
vie future, Il leur fault entrer par la porte de la Mort de bon
gré, & fe preparer en la vie tellemēt, que au iour du paſſaige
s'eſtre defchargé des pechez du Diable, qui eſt appreſté pour
alors macter, & oppreſſer les pecheurs, lefquelz il trouuera
occupez de la pefateur de peché. Parquoy difoit Iob. Loing
feront faictz fes filz de falut, & feront briſez a la porte. Et de
cecy nous en baille vne figure Hieremie là, ou il recite noſtre   Hie.17.
Seigneur auoir dict. Gardez vos ames, & ne veuillez porter
charges, ou faix au iour du Sabbat, & ne les mettez dedās les
portes de Ierufalem. Et puis il adioufte. Ne mettéz les charges par les portes de cefte Cité. Au iour du Sabbat entreront
par icelles les Princes du royaulme fe feans fur le fiege de
Dauid hōme de Iudée. Le iour du Sabbat nous reprefente
le repos, & le iour, qui eſt le dernier de la fepmaine, c'eſt adire
le dernier iour de l'hōme, le iour de la Mort, Auql ne fauldra
trouuer l'homme chargé de pondereux fardeaulx. Car alors
font difficiles a defcharger. Mal fe peult l'hōme alors cōfeſſer
& alleger fon ame de peché. A cefte caufe nous enfeigne no=
ſtre feigneur. Priez que voſtre fuitte ne foit faicte en hyuer,

I ij

ou au iour du Sabbat,il nous fault vng iour entrer par le
ſtroicte & arduë porte de la Mort humaine,qui eſt de ſi gran
de eſtroiſſeur,que ſi au parauant ne ſont mys ius les faix de
peché,nul peult par icelle liberallement entrer,dont diſoit ce
moral Seneque.Si nous voulôs eſtre heureux,ſi ne des Dieux
ne des hômes,ne des choſes ne voulons auoir crainte,deſpri=
ſons fortune promettâte choſes ſuperflues.Et quand Ieremie
dict.Par celle porte entreront les Roys,c'eſt a entêdre,que
qui auront bien veſcu,& qui auront regne ſus les vices par
confeſſion,ſe deſchargeans de la peſanteur de peché entrant
par ceſte porte de Mort a tous cômune,habiterôt celle cele=
ſte Cité de Ieruſalem,interpretée viſion de paix:& ne ſeront
confunduz,côme dict le Pſalmiſte,quand ilz parlerôt a leurs
ennemys a la porte.

Chapitre de la ſeptieſme figurée ſace de Mort.

Es mondains quelque grande cômpaignie de gens
qu'ilz ayent,ou quelque grande volupté,qui les
puiſſe delecter,ſont a toutes heures melancoliçs,
triſtes,&faſchez.Et n'orriez dire entre eulx aultre
propos,que,Ie vouldrois eſtre mort.Ie me repens d'auoir
faict cela.Le meſchât,n'eſt il pas bien ingrat?Mauldict ſoit le
monde,& qui ſy fiera.Ie ne veulx plus hanter perſonne.Ia=
mais ie ne me fieray plus a nully.Et telz ou plus eſtranges,&
deſeſperez propos entendrez vous tous les iours de ceulx,
qui non en Dieu,mais es hômes,mettent leur côfidence,con=
ſolation,& amour.Parquoy de telles gens eſt dict par le Pſal
Pſal.106. miſte,Ilz ont erré en ſolitude,& n'ont congneu la voye de la
Cité.Et certes celle voye eſt fort difficile & perilleuſe,en la=

quelle on trouue en solitude vng passaige doubteux, deuiāt,
& incōgneu. Car q̄lque foys le viateur prenant ce chemin se
deuie du droict chemin.& n'y scait plus reuenir. Et ce pēdāt
est en dāger, d'estre occis, ou des larrōs, ou des bestes sauluaiges. Parquoy doibt l'hōme prendre en tel passaige q̄lq̄ guy-
de,& iamais ne l'habādōner. N'est point a vostre aduis, ceste
p̄sente vie doubteuse, Car si au pas de la Mort, iamais elle ne
peult par droicte voye estre trouuée, ce resmoignāt Iob, qui   Iob.16.
dict. Ie ne retourneray iamais par le sentier, ou ie passe. Nous
debuōs dōc suyure le cōducteur, & celluy bien saichāt le chemin, c'est ascauoir nostre seignr̄ auq̄l ce recitant sainct Marc,
fut dict. Maistre, nous scauons que tu es veritable, & la voye
de Dieu en verité enseignes. Aultremēt deuueriōs de la voye
de rectitude, & serions pris de ce trescruel larron, qui nous
enuironne nuict & iour pour nous deuorer. Ce que nous a
esté tresbien figuré au liure des Nombres quand les enfans   Nu.14.
d'Israel ne voulās a l'entrée de la terre de promissiō suyure
Moyse, perirēt par diuers supplices. Ainsi ne voulans suyuir
la voye de penitēce a no᷒ mōstrée par IESV CHRIST
au pas incōgneu de l'horrible Mort, cheminās par les desers,
& solitude de ce monde sommes en danger de tomber entre
les cruelz larrōs, & bestes sauluaiges. A ce propos sainct Ber-
nard. O Ame (dict il) que ce sera de celle peur quand auoir   In lib.
laisse toutes choses, la presence desquelles t'est tant plaisante,   medi.
seulle tu entreras, en vne a toy totallemēt incōgneue region
là, ou tu verras vne tresaffreuse cōpaignie, qui te viendra au
deuāt. Qui est ce qui au iour d'une telle necessité te sourdra?
Qui te defendra des rugissans Lyons preparez a la viande?
Qui te consolera? Qui est ce qui te guydera? Et il sensuit. Eslis
toy dōcques ce tien amy plus que tous tes amys. Leq̄l apres.

que toutes choses te seront esté substraictes, seul te gardera
la foy au iour de ta sepulture. Et te conduira par chemin in-
cogneu, te menāt a la place de la supernelle Syon, & là te col-
loquera auec les Anges deuant la face de la maiesté diuine.

Chapitre de la huictiesme figurée
imaige de la Mort.

Iudic. 15.

EN lict au liure des Iuges cecy. Il habite en la spe-
lunque, ou fosse, demonstrant que vng chemināt
par les neiges en temps clair, quand le soleil luyt
sus icelles, puis arriué a la maison, ou au logis, il
ne voit plus rien. Et la raison est, Car celle blācheur excellēte
faict si grande disgregation aux yeulx, & laisse vne fantasme
de tāt de clartez, qu'il ne peult veoir aultre chose. Mais quād
il entre en la maison ou bien en obscure fosse, il luy semble
auoir toussiours deuant ses yeulx celle clarté. Dont il est fort
dāgereux si dedans la maison, ou la fosse à quelque mauluais
pas, qu'il ne se dommaige en tresbuchant. Et n'y à meilleur
remede, fors de demeurer là vng espace de temps iusques a
ce, que la fantasme de celle clarté soit euadée. Applicant cecy
au sens spirituel. Nous prendrons les neiges pour les prosperitez de la vie presente, & a bonne raison. Car quand les neiges sont cōglutinées, elles apparoissent tresblanches & reluisantes. Et puis quand le vent Austral leur vient courir sus,
elles deuiēnent tres sales, & ordes. Ainsi les prosperitez de ce
monde, tandis quelles adherent a l'homme, elles apparoissent
tres claires, belles, & reluisantes. Mais la fortune contrariant
par la volubilité de sa Roue, sont cōuerties en gemissemēs, &
en pleurs, Et pource les longuemēt cheminās par icelles sont

si sort aueuglez au cueur, & en l'affection, que quand ilz
doibuent entrer au logis de la vie future, par la Mort ilz n'y
voyent rien, & ne sçauent ou ilz vont. Ilz ont vne fantasme
si imprimée en leurs pensées, que quasi elle ne se peult effacer
par la Mort tenebreuse & obscure. Ilz ne peuuent aduiser la
soubdaineté de la Mort, ne les perilz Infernaulx, ne la crainte
du Iuge. Et briefuemēt ne peuuent rien penser, fors la felicité
de ceste vie mortalle, tant tiennent ilz les piedz en la fosse, &
l'Ame en la peine d'Enfer. Et pourtāt saict Gregoire sus celà
que dict Iob, Mes iours sont passez plus legierement, que la
toille n'est couppée du tisserand, dict, qu'il n'est riens a quoy
moins pensent les hōmes. Car encores que la Mort les tiēnne
par le collet, Ilz ne la croyent sus eulx aduenir. Ainsi par ces
vaines & fantastiques illusions mondaines l'hōme preuenu
ne peult entendre a son salut. Et le souuerain remede pour
cecy est de penser entētifuemēt, & auec lōgue pause le diuin
logis, c'est assauoir la Mort, par la fosse & obscure maison.
De là cōgnoistra lon que vault la pōpe du mōde, sa gloire,
sa richesse, & ses delices. Et qui desprisera & mescongnoistra
toutes ces choses, cōgnoistra Dieu. Ainsi en print il au bōn   3.Reg.19.
Helie, qui demeura a la porte de la fosse obseruāt, & speculāt.
Et premieremēt passa vng vent brisant pierres, & là n'estoit
nostre Seigneur. Secōdemēt passa vne cōmotion de terre, &
là n'estoit nostre Seignūr. Tiercemēt passa le feu, & la n'estoit
nostre Seignūr. Quartemēt passa vng siflet d'une doulce aure,
& auec elle estoit nostre Seigneur. Et Helias veit le seigneur,
& ilz ont parle ensemble D I E V & Helie. Or pour parler
a nostre propos par Helie, qui est dict voyant, est designé
vng prouide Chrestien, qui se cōgnoissant mortel tousiours
specule a la Mort. Et pource q̃ son terme est incertain, il se

dispose toufiours pour la recepuoir,comme si a toute heure
elle debuoit a luy venir. Et a vng ainsi dispose la Mort ne
peult amener perturbation. Pourtant disoit Seneque. Nul
de nous ne scait combien son terme est pres. Ainsi donc for-
mons nostre couraige,côme si lon estoit venu a l'extremité.
Car nul ne recoit la Mort ioyeusement sinon celluy,qui s'y
est preparé a la recepuoir au parauât par lôgue speculation.
Et si ainsi nous nous preparons de bonne heure,il n'est vent
d'orgueil ne tremblement de terre par ire esmeue,ne feu de
couuoitise,qui nous puisse dommager.Mais pour le dernier
on verra la doulce allaine de la suauité de saincte escripture
là ou Dieu parlera salutaires documentz,par lesquelz apper
tement on verra ce qu'est a fuyr,& ce qu'on doibt suyure,
sans ce que les plaisirs transitoires puissent les yeulx de la
pensee estre aueuglee par aulcune disgregation. Dieu nous
doint la grace a tous de si bien a ces faces de Mort penser,&
si intentisuement les mirer & aduiser,que quand la Mort par
le vouloir de Dieu nous viendra prendre, que asseurez de
celluy,qui d'elle à triumphé,nous puissions ainsi triumpher
d'elle,que par le merite de ce triumphât Chariot de la Croix
puissions paruenir en celle vie,ou la Mort n'à plus puissance
ne vertu.   Amen.

Laus Deo.

Les diuerses Mors

DES BONS, ET DES
maului̇ais du uiel, & nouueau
Testament.

Vltre les funebres figures de Mort, tant eſ=
frayeuſes aux maului̇ais, auec le pinceau de
l'eſcripture ſerōt icy repreſentées les Mortz
des iuſtes, & iniques, a l'imitatiō de Lucian,
qui en ſon dialogue des imaiges dict, Que
pour depeindre vne parfaicte beaulté de
femme, ne fault que reuocquer deuant les
yeulx de la memoire les particulieres beaultez d'ung chaſcun
membre feminin cà, & là, par les excellentz peinctres antique
ment pourtraictes. Semblablement en ce petit tableau ſeront
tracées toutes les belles, & laides Mortz de la Bible, deſqlles
les lectrez en pourrōt cōprendre hiſtoires dignes d'eſtre aux
illiterez cōiquées, Le tout a la gloire de celluy, qui permet a
la Mort dominer ſus tous viuās, ainſi qu'il luy plaiſt, & quãd
il veult.

Figure de la Mort en general.

Ource que vraye eſt la ſentence de Dieu, par la Genez.
quelle il dict a l'hōme, En ālconque heure q̄ vous
mangerez d'icelluy, c'eſt a dire du defendu fruict,
vous mourrez, Il eſt certain que inçōtinent apres
le peché l'homme meurt. Donc l'homme viuant quaſi conti=

K

nuellement meurt, felon fainct Auguftin en fon. xiiij. de la Ci=
té de Dieu.

Comme ainfi foit, que par tant d'ans ayent vefcu deuant
le deluge les hommes, fignaument l'efcripture apres la defcri=
ption du temps de leur vie dict, Et il eft mort.

Si noz anciens Peres craignoiét la Mort, & defiroient lon=
gue vie, il n'eftoit de merucille. Car ilz ne pouuoient encor
môter au Ciel, ne iouir de la diuine vifion iufques a ce, que le
Saulueur eft venu, qui ouurit la porte de Paradis. Parquoy le
bon Loth, admonnefté de l'Ange, quil fe fauluaft en la mon=
taigne, craignit y aller, affin q̃ par aduéture le mal ne le print
& y mourut là.

Mort des iuftes, dict Balaam.

Auffi les maulais defirent mourir. Meure mon ame de là
Iacoit ce que Moyfe ne voullift obeir au cõmandemét de
Dieu, qui vouloit, qu'il paffaft le Iourdain, toutesfois on veoit
affez que liberallement il euft plus vefcu, fi Dieu euft voulu.
Parquoy il dict, Le feigneur eft iré côtre moy, voicy ie meurs
en cefte terre, ie ne pafferay le Iourdain.

La plus grand part du guerdon de la Loy Mofaïque fem=
bloit eftre conftituée en la longueur de vie: Car il eft efcript,
Mettez voz cueurs en toutes les parolles que ie vous teftifie,
affin que les faifant, perfeueriez long temps en terre a la quel
le vous entrerez pour la poffeder.

Myeulx aymerent Zebée, & Salmana, eftre tuez de la main
de Gedeon vaillant hôme, que de la main de Iether fon filz.

Lors q̃ Elias eftoit affis foubz vng Geneurier, il demãda a
fon ame, qu'il mouruft, difant, Il me fouffit mon Seigneur,
ofte mon ame.

Ezechias roy de Iudée chemina deuant le Seigneur en ve=

Gene. 5.
Gene. 19.
Num. 23.
Deute. 4.
Deut. 12.
Iudi. 8.
3. Reg. 19.
Ifaïe. 33.

rité,& fut bon.Touteffois quãd il luy fut annuncé par Efaie,
qu'il debuoit mourir,Il pria le feigneur par vng grãd pleur,
affin qu'encores il luy prolongeaft la vie.

Thobie prouocqué,auoir ouye la refponce de fa femme
foufpira,& cõmenca a prier auec lhermes,difant.Tu es iufte   Thobi.z.
Seignr,cõmãde mõ ame eftre en paix receüe,car il m'eft plus
expediãt mourir q̃ viure.Et puis il fenfuyt au Chapitre IIII.
quãd il pẽfa fon oraifon eftre exaulcée,il appella fon filz &c.

Sarra fille de Raguel,auoir receu d'une des chamberieres
griefue iniure,pria le Seigneur, & dict entre aultres chofes.   Thobi.z.
Ie requiers Seigneur,que du lien de ce impropere tu m'abfol
ues,ou certes,que tu m'oftes de deffus la terre.

Deuant le roy Sedechias offrit Hieremie fes prieres,affin
qu'il ne le tuaft,ce qu'il cõmandaft le remettre en la prifon,en   Hiere.38.
laq̃lle il eftoit au parauãt:affin qu'il ne mouruft,par la Mort
de la Croix,laquelle le Sauiueur voulut fouftenir, monftra
manifeftement,que nõ feullemẽt vouloit mourir,Mais vng
chafcun genre de Mort debuoir eftre fouffert d'ung homme
iufte pour obeir a la diuine voulenté.

Deuant l'aduenement du fainct Efperit trop craignirent   Mat.25.
la Mort les apoftres:qui,eftre pris leur Seigneur,le laifferent
tous:mais apres ce qu'ilz furent par la vertu d'enhault ro-
borez,& cõfirmez,menez deuant les princes,& Tyrans par-
loient fiduciallement.

Peu craignoit mais point ne craignoit la Mort,faict Paul,   A.Au. pe
qui difoit,n'eftre feullemẽt appareille a eftre lyé,mais auffi de   ...
mourir pour le nom du feigneur Iefus.

Et luymefmes en aultre lieu dict.Sil eft notoire aux Iuifz,
ou que i'ay fuct quelque chofe digne de Mort,ie ne recufe   Actu.22.
mourir.Toutesfoys il fault noter,que plufieurs fois euitãt les

embufches des Iuifz,qu'il fuyoit de Cité en Cité,non pour crainte de Mort,mais faifant place a la fureur des mauluais fe referuoit vtile a plufieurs.

De l'horrible Mort des mauluais,defcription
depeincte felon la faincte Efcripture.

Gene.4. Ain,qui tua fon frere,fut occis par Lamech.

Gene.34. Noftre feigneur enuoya pluye de foulphre,& de feu fus Sodome,& fubuertit cinq Citez puantes d'ung deteftable peché.

Gene.34. Sichen filz d'Emor,qui oppreffa Dyna fille de Iacob,fut tué des filz de Iacob,& tout le peuple de la Cité.

Exo.14. Leaue de la mer rouge fubmergea les chariotz,& tout l'equippaige,gefdarmes,& l'exercite de Pharaon,& n'en demeura pas vng.Et certes bien iuftemēt.Pource qu'il failloit, que le corps fut noye de celluy,duquel le cueur ne pouuoit eftre amolly.

Leui.10. Nadab,& Abihu filz de Aaron offrans l'eftrāge feu deuāt Dieu ont efté deuorez du feu du feigneur,& font mortz.

Leui.24. Par le commandement de noftre Seigneur les filz d'Ifrael menerent hors de leur exercite le blafphemateur,& laffommerent de pierres.

Num.16. Choré,Dathan,& Abyron,& leurs complices rebellans a Moyfe defcendirent vifz en Enfer,engloutiz de la terre.

Ibidem. Les aultres murmurans,& commettans diuers pechez, moururent de diuerfes mortz au defert:tellemēt que de fept cens mille hommes bataillans,deux feullement entrerent en la terre de promiffion.

Iofue.7. Pource q̄ Acham emporta furtiuemēt des trefors offertz en Iherico, tout le peuple d'Ifrael le lapida, & par feu côfuma tout ce, que luy appartenoit.

Iahel femme d'Abercinée emporta le clou du Tabernacle, Iudi.4. & le ficha au cerueau de Sifare, qui accôpaignant le fommeil a la Mort, deffaillit, & mourut.

Si Zebée & Salmana euffent garde les freres de Gedeon, Iudi.9. Gedeon leur eut pardonné. Et pource qu'ilz les tuerent, ilz furent occis par Gedeon.

Les filz d'Ifrael prindrent Adonibefech, auoir couppé les Iudi.1. fummitez & boutz de fes mains (ainfi qu'il auoit faict a feptante Roys) l'amenerent en Ierufalem, & là il eft mort.

Vne femme gectant fus la tefte d'Abimelech vne piece Iudi.9. d'une meulle luy froiffa le cerueau, lequel appella fon gen-darme, & commenda qu'il le tuaft. Et noftre Seigneur luy rendit le mal qu'il auoit faict, mectant a mort feptante fiens freres.

Quand Hely ouyt larche du Seigneur Dieu eftre prinfe, il 1.Reg.4. tomba de fa felle a lenuers, iouxte la porte, & feftre rompu le cerueau mourut.

Dauid ieune gars tout defarmé, & n'ayant l'ufaige dés ar- 1.Reg.17. mes: affaillit le fuperbe, & blafphemateur Goliath, & le tua de fon propre coufteau.

Saul par ie ne fçay quelle enuie efmeu perfecuta Dauid. A 1.Reg.31. la fin, print fon coufteau, & fe iectant fus icelluy fe tua.

Le premier filz de Dauid viola fa feur Thamar, & peu 2.Reg.13. apres fut tué par le cômandement d'Abfalon fon frere ainfi qu'il banquetoit auec luy.

Par la couuoitife de dominer fort affligea Abfalô fon pere 2.Reg.19. Dauid. Mais deuant qu'il paruint a fon propos il fut pendu entre le Ciel & la Terre.

DE LA MORT

2.Re.17. Voyãt Achitophel q̃ son cõseil ne fut accepté qu'il auoit donné contre Dauid, s'en alla en sa maison, & mourut au Gibet.

2.Re.20. Seba filz de Bochri cõcita le peuple cõtre Dauid en la cité d'Abela, Là ou il pensoit auoit refuge & ayde, fut decapité.

2.Reg.1. Ladolescẽt, qui se vanta auoir tué Saul, par le cõmãdemẽt de Dauid, fut tué quãd il luy pẽsoit annũcer chose agreable.

2.Reg.4. Le semblable aduint a deux larrõs, qui apporterẽt la teste de Isboseth filz de Saul.

3.Reg.2. Combien que Ioab fut vng noble cheualier, toutesfois pource qu'il occist deux hommes en trahison fut commande d'estre tué par Salomon.

3.Reg.21. Achab blesse en la guerre mourut au vespre, & les chiens lescherent son sang, en ce mesme lieu, auquel ilz lescherent le sang Naboth, qui fut lapidé se dissimulant Achab, qui le pouuoit, & debuoit sauluer.

3.Reg.16. Vng aultre mauluais roy Ela règnoit en Iudée tyranniquement cõtre lequel se rebella Zambri, & tua son seigneur, lequel Zambri puis mourut miserablement.

4.Reg.2. Quãd Helisee monta en la Cité de Bethel, q̃lques enfans mal instruictz se mocquoiẽt de luy, alors sortirẽt deux Ours, & deffirerent quarante deux de ces enfans.

4.Reg.7. Lung des deux, qui estoit auec le roy d'Israel ne voulut croyre aux parolles de Helisee predisant la future habõdãce, au lendemain, le suffoca la turbe des hommes courante aux despouilles, & là il mourut.

4.Reg.8. Benedab roy de Syrie, qui feit moult de maulx aux enfans d'Israel, fut a la fin de son filz Asahel occis.

4.Reg.9. Voyant Iehu la mauluaise Iesabel, qui auoit esté cause de plusieurs maulx, cõmenda qu'elle fust precipitée en bas, & fut

tellement conculquée, de la foulle des cheuaulx, que combien
qu'elle fut fille de Roy, ne fut ensepuelie; & nérefta que le test
de la teste.

Athalie mere de Ochosie tua toute la semence Royalle
Affin qu'elle peut regner sus le peuple. Et puis apres elle   4.reg. it.
fut tuée villainement par le commandement de Ioiades
prebstre.

Le roy Ioas mauluais, & ingrat, qui feit lapider cruelle-
ment Zacharie filz du prebstre Ioiades fut en apres occis 4.reg. it.
des siens.

Sennacherib roy des Affiriens tresorguilleux, & au Dieu
du Ciel blasphemateur apres que de la terre de Iudée confu- 4.reg.19.
sement s'en fut fuy, fut tué par ses enfans.

Sedechias roy de Iudée mauluais vers Dieu, & vers les
hômes, fut pris en fuyant, deuant les yeulx duquel le Roy de 4.reg.ult.
Babylone feit tuer ses propres enfans. Apres on luy creua
les yeulx, & fut mene en Babylone, & là mourut miserablement.

Holofernes print, & destruit plusieurs pais, finablement
dormant enyuré par les mains d'une femme fut decapité.   Iudi.13.

Le tres superbe Aman, qui se faisoit adorer des hommes, Hester.7.
fut pendu au Gibet, qu'il auoit preparé a Mardochée.

Balthasar roy de Babylône ne fut corrigé par l'exemple
de Nabuchodonosor son pere, qui deuāt luy auoit esté mué
en beste, & au conuiue veit l'escripture en la muraille. Mane, Dani.5.
Thethel, Phares. Et celle nuict il fut tué, & son Royaulme
translate aux Medes, & a ceulx de Perse.

Les accusateurs de Daniel par le cōmandemēt de Darius Danie. 6.
roy de Perse furent mys au lac des Lyons, le semblable aduint au c. XIIII.

Mach.1. Puis que Alexandre tomba au lict on dict qu'il congneut qu'il debuoit mourir, quaſi comme ſi au parauant il nauoit congnoiſſance de Mort, ou la memoire d'icelle.

1.Mach.9 Alchimus traiſtre fut frappé, & impotent de Paraliſie, ne plus il ne peult parler, ne le mander a ſa maiſon. Et mourut auec vng grand torment.

2.mach.4. Contriſté le roy Antiochus de ce, que Andronique auoit tué iniuſtemēt Onias ſouuerain Prebſtre, cōmanda Andronique eſtre tué au meſme lieu, auquel il auoit commis trop grande impieté.

2.mach.7. Pluſieurs ſacrileges commis au temple par Lyſimachus, fut aſſemblée vne grande multitude de peuple contre luy, & au pres du Treſor ilz le tuerent.

2.mach.9. Antiochus, qui auoit oppreſſé les entrailles de pluſieurs, ſouffrant dures douleurs des entrailles par miſerable Mort, mourut en la montaigne.

2.mach.5. Iaſon meſchāt qui auoit captiué ſon propre frere, & auoit banny pluſieurs gēs de ſon pais, mourut en exil, & demeura ſans eſtre plainct, ne enſepuely.

Menelaus malicieuſement obtint en peu de temps la principaulté, mais toſt fut precipité, d'une haulte tour, en vng monceau de cendres.

Luca.12. C'eſt hōme riche, le champ duquel auoit produict habondance de fruict, quand il penſoit deſtruire ſes greniers pour en faire de plus amples, croyoit de plus viure, ce qu'il ne feit. Car il luy fut dict par noſtre Seigneur, Sot ceſte nuict tu periras.

Luca.16. Fort terrible eſt l'exemple de ce famé maul>ais riche, qui tant banquetoit, lequel mourut, & fut enſepuely en Enfer.

Actuũ.5. Ananias & ſa femme Saphira, pource qu'ilz defrauderent
du pris

du pris de leur champ vendu, moururent terriblement par la reprehention de sainct Pierre.

Herodes assis au tribunal, & vestu d'habitz royaulx, preschoit au peuple, Et le peuple escrioit les voix de Dieu, & non des hommes. Alors tout incontinent, l'Ange du Seigneur, le frappa. Pour ce qu'il n'auoit baillé l'honneur a Dieu. Et consumé des vers, expira miserablement. *Act. 12.*

Aultre depeincte description, de la precieuse Mort des Iustes.

QVand Abel & Cain estoiẽt au champ. Cain se leua contre Abel & le tua. Et a cause, cõme on en rend la raison, que ses oeuures estoient mauluaises, & celles de son frere iustes. *Gene. 4.*

Enoch chemina auec Dieu, & napparut, Car Dieu l'emporta. *Gene. 5.*

Abraham est mort en bonne vieillesse, & de grand eage, remply de iours, & fut congregé a son peuple. *Gen. 25.*

Les iours de Isaac sont accomplis cent octante ans, & cõsumé d'eage est mort, & mys au deuant de son peuple vieil, & plein de iours. *Gene. 35.*

Quand Ioseph eut adiuré ses freres, & qu'il leur eut dict, Emportez auec vous mes ossemens de ce lieu &c. Il mourut. *Gene. 50.*

Moyse, & Aaron par le commandement de Dieu monterent en la montaigne Hor, deuãt toute la multitude, & quãd Aaron se fut despouillé de tous ses vestemens, il en reuestit Eleazare, & la mourut Aaron. *Num. 20.*

Moyse le seruiteur de Dieu est mort en la terræ de Moab, le commandant le Seigneur, & le Seigneur l'ensepuelit. Et *Deut. 34.*

L

nul hôme n'à côgneu son sepulchre iusques a ce present iour.

1. Par.29. Dauid, apres l'instruction de son filz Salomon, & l'oraison qu'il feit au Seigneur pour luy, & pour tout le Peuple, mourut en bonne vieillesse plein de iours, de richesse, & de gloire.

4 Reg.2. Quand Helisee, & Helie cheminoiēt ensemble, voicy vng chariot ardāt, & les cheuaulx de feu, diuiserēt lung & laultre. Et Helie monta au Ciel en fulguration.

2. Par.24. Lesprit de Dieu vestit Zacharie filz de Iolade, & dict au peuple. Pourquoy trâspassez vous le cōmandement du Seigneur? Ce que ne vous prouffitera. Les filz congregez encontre luy getterent des pierres, iouxte le cōmandement du Roy & il fut tué.

Tho.14. Thobie a l'heure de la Mort appella Thobie so filz, & sept ieunes ses nepueux, & leur dict. Pres est ma fin. Et vng peu apres est dict de son filz. Auoir acomply huictante neuf ans, en la craincte du Seigneur auec ioye, l'ensepuelirent auec toute sa lignée &c.

Iob.ulti. Iob vesquit apres les flagellations cent quarāte ans, & veit les filz de ses filz iusques a la quarte generation, & il est mort vieil, & plein de iours.

2. Reg.12. Dauid ne voulut plourer pour son filz innocent mort, & 17. qu'il auoit plouré quād il estoit malade. Mais il ploura beaucoup pour le fratricide, & patricide Absalon pendu.

1. Mac.2. Apres l'instruction, & confort de ses enfans, Mathatias les beneist, & trespassa, & fut mis auec ses Peres.

1. Mac.9. Voyant Iudas Machabee la multitude de ses ennemys, & la paucité des siens, dict. Si nostre temps est approché, mourons en vertu pour noz freres.

1. Mac.6. Eleazare, apres plusieurs tormēs a luy baillez, trespassa de ceste vie, laissant a tout le Peuple grand memoire de sa vertu

& fortitude.

Ces sept freres auec leur piteuse Mere feirent vne admirable fin, par louable moyen, Et se peuuent là noter plusieurs exemples de vertu. 2.Mac.7.

Pour la verité & honnesteté de mariage. S. Iehan Baptiste Mat.6. fut decollé par Herodes Tetrarche.

De ce renommé pouure Ladre est escript, que là médiant Luc.16. mourut, & qu'il fut porté des Anges au seing d'Abraham.

Comment qu'aye vescu ce larron, auquel Iesuchrist pendant, dict, Au iourd'huy seras auec mōy en Paradis, il mourut heureusement.

Quand le benoist Estienne estoit lapidé, il inuoquoit le Seigneur Dieu, & disoit. Seigneur Iesus, recoy mon esprit. Act.7.8. Et s'estre mis a genoulx, escria a haulte voix, Seigneur, ne leur repute cecy a peché &c. Et quand il eut ce dict. Il dormit en nostre Seigneur, a laquelle Mort faisons la nostre semblable.

Et nostre saulueur Iesuchrist, qui selon sainct Augustin, au quart de trini. par sa singuliere Mort à destruict la nostre double Mort. Lequel, comme il dict apres au. XIIII. de la cité de Dieu, donna tant de grace de soy, que de la Mort (qui est contraire a la vie) fut faict instrument, par lequel on passeroit a la vie. Laquelle nous concede le vray autheur de salut eternelle, Qui est voye, verité, & vie. Qui à de la vie, & de la Mort, l'empire. Qui auec le Pere, & le sainct Esprit vit & regne Dieu par siecles interminables.

Amen.

Description des sepulchres des Iustes.

L ij

Vec grande diligēce achepta Abrahā le champ, auquel il ensepuelit sa femme quād elle fut morte. Iacob ne voulut estre ensepuely auec les maul uais hommes en Egypte, mais abiura Ioseph, que quand il seroit mort, qu'on le portast au sepulchre de ses Pe=res, ce que Ioseph accomplit auec grande solicitude.

Sortant Moyse d Egypte, emporta les ossemēs de Ioseph auec soy.

Dauid loua fort les hōes Labes Galaad, pource q̃ les corps de Saul, & de ses filz auoiēt esté reuerāmēt ensepueliz p eulx.

La peine de celluy, qui auoit mangé le pain en la maison du maulvais Prophete cōtre le cōmādemēt de Dieu, fut ceste seulle, qu'il ne fut ensepuely au sepulche de ses Peres.

Iehu Roy d'Israel, qui feit tuer Iesabel, la feit ensepuelir, pource qu'elle estoit fille du Roy.

Loue est Thobie, de ce, que auec le peril de sa vie les corps des occis il emportoit, & soliciteusement leur donnoit se=pulture.

La premiere admonitiō entre celles salubres, que feit Tho bie a son filz, fut de sa sepulture, & de celle de sa femme.

Les Iuifz accusateurs du meschant Menelaus furent par l'inique Iuge condamnez a mort. Parquoy les Tyriens indi=gnez de ce liberallement leur preparérent sepulture.

Apres la guerre contre Gorgias cōmise, vint Iudas Ma chabee pour recueillir les corps des mortz, & les ensepuelir auec leurs parentz.

Les disciples de sainct Iehan Baptiste ouyans qu'il auoit esté decollé par Herodes, vindrent, & prindrent son corps, & l'ensepuelirent.

Il appert que nostre Seigneur a eu cure de sa sepulture,

Gene. 23.
Gene. 47. & 49.
Exod. 13.
1. regū. 31. 2 reg. 1.
3. reg. 13.
4. reg. 9.
Thob. 1. 2
Thob. 4.
2. Mac. 4.
2. mac. 12.
Matt. 14. Mar. 6.
Ioan. 12.

par ce qu'il respondit à Iudas murmurant de l'oignement,
qui selon luy, debuoit estre vendu, Laisse (dict il) affin que au
iour de ma sepulture, elle le garde.

Nostre Seigneur fut ensepuely par Ioseph, & Nicodeme
au sepulchre neuf taillée, auquel nul n'auoit encores este mys.

Les hômes craintifz eurent cure de sainct Estienne lapidé
des Iuifz, & feirent vng grand plainct sus luy.

Matt.27.
Mar.15.
Luc.23.
Ioan.20.

A&.8.

MEMORABLES AVTHO:
ritez, & sentences des Philosophes, &
orateurs Payēs pour côfermer
les uiuans a nõ craindre:
la Mort.

A Ristote dict vers le fleuue appellé Hypanin, qui
de la ptie d'Eurode derriue en la mer, certaines
bestioles naistre, qui ne viuent qu'ung iour tãt
seullement. Et celle qui meurt sur les huict heures de matin, est donc dicte morte de bon eage:
& celle, qui meurt a Midy est morte en vieillesse. L'aultre, qui
deuant sa Mort veoit le Soleil coucher, est decrepitée. Mais
tout celà comparaige a nostre treslong eage, auec l'eternité,
nous serons trouuez quasi en celle mesme breuité de temps,
en laqlle viuent ces bestiolles. Et pourtãt quãd nous voyons
mourir quelque ieune personne, il fault pēser qu'il meurt de
matin. Puis quand vng de quarante, ou cinquãte ans meurt,
pensōs que c'est a midy. Et que tantost viēdra le vespre qu'il

L iij

nous fauldra a la fin aller coucher pour dormir, comme les
aultres:& que quãd l'heure ser'a venue de ce soir que peu oũ
riens aurons d'auantaige, d'estre demeurez apres celluy, qui
s'en est alle a huict heures, ou a Midy, puisque a la fin du iour
il nous fault aussi la passer. Parquoy disoit Cicero, & disoit
bien. Tu as le sommeil pour imaige de la Mort, & tous les
iours tu ten reuestz. Et si doubtes, s'il y a nul sentiment a la
Mort, combien que tu voyes qu'en son simulachre il n'y a
nul sentimēt. Et dict apres que Alcidamus vng Rheteur antique escriput les louanges de la Mort, en lesquelles estoient
cõtenuz les nombres des maulx des humains, & ce pour leur
faire desirer la Mort. Car si le dernier iour n'amaine extin-
ction, mais commutatiõ de lieu, Quest il plus a desirer? Et
s'il estainct & efface tout, Quest il rien meilleur, que de s'en-
dormir au millieu des labeurs de ceste vie, & ainsi se reposer
en vng sempiternel sommeil. Certes nature ne faict riens te-
merairement : mais determine toutes choses a quelque fin.
Elle n'a donc produict l'homme, affin apres auoir souffert
icy plusieurs trauaulx, elle l'enferme en la misere de perpetuelle Mort: mais affin qu'apres vne longue nauigation, elle
le conduise a vne paisible demeure, & a vng transquille port.
Parquoy ceulx qui par vieillesse ou par maladie, sont plus
pres de la mort, sont d'autant plus heureux que les ieunes &
sains, comme ceulx qui auoir trauerse plusieurs mers, & vn-
doyantes flottes de mer, arriuēt au port auec plus grãd aise,
que les encores cõmenceans a esprouuer les perilleux dãgiers
de la longue nauigation n'agueres accommencée. Et ne fault
craindre qu'a ce port, & point de la Mort, ait aulcũ mal. Car
mesmes c'est la fin de tous maulx, qui se souffre & passe en
vng moment d'oeil. Et pourtant, tesmoing le mesme Ci-

cero,on lict que Cleobole,& Biton furent filz d'une renommée dame,laquelle eſtoit preſtreſſe de la Deeſſe Iuno,& ad-
uenant le iour de la grande ſolennité de celle Deeſſe,leſdictz
enfans appareillerent vng chariot,auquel ilz vouloiēt mener
au temple la Preſtreſſe leur mere.Car la couſtume des Grécz
eſtoit,que toutesfoys que les Preſtres debuoient offrir ſolen-
nelz ſacrifices,ou ilz debuoient eſtre portez des gens,ou ſur
chariotz,tant priſoient ilz leurs preſtres,que ſilz euſſent mys
le pied a terre,de tout le iour ne cōſentoyent quilz euſſent
offert aulcun ſacrifice.Aduint,en apres,que celle Preſtreſſe
cheminant ſur le chariot,que ſes chéuaulx,qui le cōduiſoient
tomberent mortz ſoubdaiſiement au millieu du chemin,&
loing du temple bien dix mille.Ce voyant ſes enfans,& que
leur Mere ne pouuoit aller a pied,& q̃ le chariot ne pouuoit
eſtre mené par nul aultre beſtial(Car là n'en auoit point)ilz
determinerent de ſe mettre au lieu des chéuaulx,& de tirer le
chariot,comme ſilz fuſſent beſtes,tellemēt que tout ainſi que
leur Mere les porta neuf moys en ſon ventre,Semblablemēt
ilz la porterent en ce chariot par le pays iuſques au temple,
ce que voyant la grande multitude du peuple,qui venoit a
ceſte ſolennité,ſen eſmerueillèrēt grandement.Et diſoient ces
ieunes enfans eſtre dignes dung grand guerdon. Et en vérité
ilz le meritoient.Apres que celle ſeſte fut acheuée,ne ſaichant
la Mere auec quoy tatisfaire a ſes enfans d'ūg ſi grād merite,
Pria la Deeſſe Iuno,qu'il luy pleuſt donner a ces enfans la
meilleure choſe que les Dieux peuuent donner a leurs chers
amys.Ce que la Deeſſe luy accorda voulentiers pour vne ſi
Heroïque oeuure.Parquoy elle ſeit que leſdictz enfans ſen-
dormirent ſains,& au lendemain on les trouua mortz.Puis
de cecy a la complaignāte Mere dict Iuno,Réallegre toy.Car

a plus grande vengeance que les Dieux peuuent prendre de
eurs ennemys, c'eſt de les faire longuement viure. Et le plus
grand bien duquel ſauoriſons noz amys, c'eſt de les faire toſt
mourir. Les autheurs de ceſte hiſtoire ſont Hizenarque en ſa
Politique, & Cicero au p̄mier de la Tuſculane. Le ſemblable
en print a Triphone, & Agamendo. Leſquelz pour auoir
r'edifié ce ruynant temple d'Apollo, qui en liſte de Delphos
eſtoit tant ſolēnel, auoir requis audict Apollo pour leur guer
don, la choſe meilleure de laquelle les humains ont beſoing,
les ſeit ſoubdainement mourir tous deux au ſortir de ſoup-
per a lentrée dudict temple. I'ay voulentiers amené ces deux
exemples, affin que tous les mortelz congnoiſſent qu'il n'y à
bōn eſtat en ceſte vie, ſinon quand il eſt paracheué. Et ſi la fin
de viure n'eſt ſauoreuſe, au moins elle eſt moult prouffitable.
Pourtant ne ſ'en fault douloir, plaindre ne craindre la Mort.
Tout ainſi qu'ung viateur ſeroit grandement imprudent, ſi
chemināt en ſuant par le chemin, ſe mettoit a chanter, & puis
pour auoir acheué ſa iournée, cōmenceoit a plorer. Pareille
follie ſeroit vng nauigant, ſil eſtoit marry d'eſtre arriué au
port: ou celluy qui dōne la bataille, & ſouſpire par la victoire
par luy obtenue. Donc trop plus eſt imprudēt & ſol celluy,
qui cheminant pour aller a la Mort, luy faſche de l'auoir ren-
cōtrée. Car la Mort eſt le veritable reffuge, la ſanté parfaicte,
le port aſſeuré, la victoire entiere, la chair ſans os, le poiſſon
ſans eſpine, le grain ſans paille. Finablement apres la Mort
n'auons pourquoy plourer, ne riens moins a deſirer. Au tēps
de l'Empereur Adrian mourut vne Dame fort noble, parēte
de l'Empereur, a la Mort de laquelle vng Philoſophe feit vne
oraiſon, en laꝗle il dict pluſieurs maulx de la vie, & pluſieurs
biens de la Mort. Et ainſi que l'Empereur l'interrogua, quelle
choſe

chose estoit la Mort. Respondit, La Mort est vng eternel
sommeil, vne dissolution du Corps, vng espouuétement des
riches, vng desir des pouures, vng cas ineuitable, vng peleri=
naige incertain, vng larron des hômes, vne Mere du dormir,
vne vmbre de vie, vng separement des viuans, vne compai=
gnie des Mortz. Finablement la Mort est vng bourreau des
mauluais, & vng souuerain guerdon des bons. Ausquelles
bonnes perolles deburoit on continuellemét penser. Car si
vne goutiere d'eaue penetre par côtinuatiô vne dure pierre,
aussi par continuelle meditation de la Mort il n'est si dur, qui
ne s'amolisse. Seneque en vne epistre racompte d'ung Philo=
sophe, auquel quand on luy demanda, quel mal auoit en la
Mort que les hommes craignoiét tant. Respondit, Si aulcun
dommaige, ou mal, se trouue en celluy, qui meurt, n'est de la
propriete de la mort: mais du vice de celluy, qui se meurt.
Semblablemét nous pouuons dire, qu'ainsi comme le sourd
ne peult iuger des parolles, ne l'aueugle des couleurs, tât peu
peult celluy, qui iamais ne gousta la Mort, dire mal de la
Mort. Car de tous ceulx, qui sont mortz, nul ne se plainct de
la Mort, & de ceulx qui sont viuans, tous se plaignent de la
vie. Si aulcun des mortz tournoit par deça parler auec les
viuans, & comme qui l'a experimenté, nous disoit s'il y a
aulcû mal en la Mort, ce seroit raison d'en auoir aulcû espou=
uentement. Pourtant si vng homme, qui n'ouyt, ne veit, ne
sentit, ne gousta iamais la Mort, nous dict mal de la Mort,
pour cela, debuons nous auoir horreur d'elle? Quelque grâd
mal doibuét auoir faict en la vie ceulx, qui craignét, & disent
mal de la Mort. Car en celle derniere heure, & en ce extresme
iugément, c'est là, ou les bons sont congneuz, & les mauluais
descouuertz. Il n'y à Roys, Empereurs, Prices, Cheualiers, ne
riches, ne pouures, ne sains, ne malades, ne heureux, ne infor=

M

tunez,ne ie ne veoy nul qui viue en son estat content,sors
ceulx,qui sont mortz:qui en leurs sepulchres sont en paix,&
en repos paisiblement,là,ou ilz ne sont auaricieux,couuoi-
teux,superbes ne subiectz a aulcuns vices, en sorte,que lestat
des mortz doibt estre le plus asseuré,puis qu'en c'est estat ne
voyôs aulcû mescôtentemét.Aps ceulx,qui sôt pouures,cher-
chêt pour senrichir.Les tristes pour se resiouir.Les malades
pour auoir santé.Mais ceulx,qui ont de la Mort tãt de crainte,ne cherchent aulcun remede pour n'en auoir peur,Par
quoy ie côseillerois sus cecy que lon s'occupast a bien viure,
pour non craindre tant la Mort.Car la vie innocente faict la
Mort asseurée.Interrogué le diuin Platon de Socrates,côme
il s'estoit porté auec la vie,& côme il se porteroit en la Mort.
Respondit.Scaches Socrates, qu'en ma ieunesse trauaillay
pour bien viure,& en la vieillesse taschay a bien mourir.Et
ainsi que la vie a esté honneste,iespere la Mort auec grand al-
legresse,& ne tiens peine a viure,ne tiendray craincte a mou-
rir.Telles porolles furêt pour certain dignes dung tel hôme.
Fort sont courroussez les gens quand ilz ont beaucoup tra-
uaillé,& on ne leur paye leur sueur.Quand ilz sont fidelles,
& on ne correspond a leur loyaulté,quand a leurs grans ser-
uices les amys sont ingratz. O bieheureux ceulx qui meurêt,
ausquelz telles desfortunes ne sont aduenues,& qui sont en la
sepulture sans ces remortz.Car en ce diuin tribunal se garde
a tous tant esgallemêt la Iustice,que au mesme lieu,que nous
meritons en la vie,en icelluy sommes colloquez apres la
Mort.Iamais n'y eur,ne a,n'y aura Iuge tant iuste,que rendit
le guerdon par poix,& la peine par mesure. Car aulcunefois
sont pugnis les Innocentz,& absoulz les coulpables.Mais il
n'est ainsi en la Mort.Car chascû se doibt tenir pour certain,
que si lon a là bon droict que lon obtiendra sentence a son
prouffit.Plutharque en ses Apothegmates recite,q̃ au têps
que le grand Caton estoit censeur a Rome,mourut yng re-

nommé Romain,lequel monstra a sa mort vne grande fortitude & constance:& ainsi que les aultres le louoient de son
immuable & intrepide cueur,& des constantes parolles,qu'il
disoit trauaillant a la Mort.Cato Censorin s'en rioit de ceulx,
qui tant louoient ce mort,qui tant estoit asseuré,& qui pre-
noit si bien la Mort en gré,leur disant,Vous vous espouuetez de ce,que ie ris:& ie ris de ce,que vous vous espouuetez.
Car considerez les trauaulx,& perilz,auec lesquelz passons
ceste miserable vie,& la seurté,& repos auec lesquelz nous
mourons.Ie dy qu'il est besoing de plus grand effort pour
viure,que de hardiesse & grãd couraige pour mourir.Nous
ne pouuons nyer que Catón ne parla fort saigemét,puis que
nous voyons tous les iours,voire aux personnes vertueules,
endurer faim,soif,froit,fascherie,pouureté,calünies,tristesses,
inimitiez,& infortunes. Toutes lesquelles choses vauldroit
mieulx veoir leur fin en vng iour,q̃ de les souffrir a chascune
heure,Car moindre mal est vne mort honeste que vne vie
annuyeuse.O Cōbiē sot icōsiderez ceulx qui ne pésent qu'ilz
nont q̃ a mourir vne fois, puis que a la verité,q̃ des le iour q̃
naissons cōmēce nostre Mort,& au dernier iour acheuons de
mourir. Et si la Mort n'est aultre chose,sinon finir la vigueur
de la vie.Raisonnable sera de dire,q̃ nostre enfance mourut,
nostre ieunesse mourut,nostre virilité mourut,& meurt,&
mourra nostre vieillesse. De quelles raisons pouuons recoli-
ger,que nous mourons chascun an chasque moys,chasque
iour,chasque heure,& chasque momēt.En sorte que pensans
passer la vie seure,La Mort va tousiours en embusche auec
nous.Et ne puis sçauoir,pourquoy on s'espouuete si fort de
mourir,puisque des le póinct qu'on vient a naistre,on ne
cherche aultre chose que la Mort. Car on n'eut iamais faulte
de temps pour mourir,ne iamais nul ne sceut errer,ou faillir
le chemin de la Mort. Seneque en vne sienne epistre cōpte:

M ij

qu'a vne Romaine plorant son filz qui luy estoit mort, fort
ieune, luy dict vng Philosophe, Pourquoy pleures tu? o Da
me, ton enfant? Elle luy respondit. Ie pleure, pource qu'il ne
vesquit que quinze ans, & ie desirois qu'il eut vescu cinquãte.
Car nous meres aymons tant noz enfans, que iamais ne sommes saoulles de les veoir, ne iamais cessons de les plourer.
Alors luy dict ce Philosophe. Dy moy ie te prie Dame. Pour
quoy ne te complains tu des Dieux, pour n'auoir faict naistre
son filz plusieurs ans au parauant, comme tu te complains,
qu'ilz ne lont laisse viure aultre cinquante ans? Tu pleures
qu'il mourut deuant Eage & tu ne plores qu'il nasquit tant
tard. Ie te dy pour vray que si tu ne maccordes de ne te con-
trister pour l'ung tant peu doibtz tu pleurer pour l'aultre.
A cecy se côformant Pline disoit, en vne Epistre: que la meilleure loy que les Dieux auoient donné a l'humaine nature,
estoit que nul n'eut la vie perpetuelle. Car auec le desordõné
desir de viure longuement iamais ne tascherions de sortir de
ceste peine. Disputans deux Philosophes deuant l'Empereur
Theodosien, lung desquelz sesforcoit dire, qu'il estoit bon se
procurer la Mort. Et l'aultre semblablemẽt disoit estre chose
necessaire abhorrir la vie. Respondit le bon Theodose, Nous
aultres mortelz somes tãt affectiõnez a aymer, & a abhorrir,
que soubz couleur de moult aymer la vie, nous nous dõnõs
fort maulaise vie. Car nous souffrons tant de choses pour
la conseruer, qu'il vauldroit mieulx aulcune foys la perdre.
Et si dys dauantaige. En telle follie sont venuz plusieurs hom
mes vains, q̃ aussi par craincte de la Mort procurẽt de l'acce
lerer. Et pensant a cecy, serois d'aduis, que nous n'aymissions
trop la vie, ne qu'auec desespoir ne cherchissions par trop la
Mort. Car les hômes fors & virilles, ne deburoient abhorrir
de viure tant quilz pourront, ne craindre la Mort quand elle

leur adûiendra. Tous louerent ce, que dict Theodose; côme
le recite en sa vie Paule Diachre. Or disent tous les Philosophes ce qu'ilz vouldront; que a mon petit iugement il me
semble, que celluy seul recepura la mort sans peine, leql long
temps au parauant se sera appareillé pour la receuoir. Car
toutes mortz soubdaines ne sont seullement ameres a ceulx,
qui la goustér: Mais auisi espouète ceulx qui en ouyêt parler.
Disoit Lactance, que l'homme doibt viure en telle maniere,
côme s'il debuoit mourir dens vne heure. Car les hômes, qui
tiennent la Mort, ou son image deuant les yeulx, est impossible qu'ilz dônent lieu aux mauluaises pensées, A mon aduis,
& a l'aduis d'Apullie pareille follie est de vouloir fuyr ce, qui
ne se peult euiter, côme de desirer ce, quon ne peult auoir, Et
ie dy cecy pour ceulx qui ressusent le voyage de la Mort, de
qui le chemin est necessaire. Pourtant a le fuyr est impossible.
Ceulx qui ont a faire vng grand chemin, si leur fault quelque
chose par le chemin, ilz empruntent de leurs compaignons;
& silz oublient quelque chose au logis, ilz escripuent que
lon le leur enuoye. Pourtât i'ay dueil de ce, que, puisque vne
foys sommes mortz, qu'on ne nous laisse retourner. Ne nous
ne pourrons parler, & ne nous sera permys d'escripre. Car
telz, quelz nous serôs trouuez, pour telz serons sentetiez. Et
que est plus terrible que tout, c'est que l'xecution, & la sentêce
se donnera tout en vng iour. Parpuoy ie côseille à tous les
mortelz que nous viuions en telle maniere, qu'a l'heure de la
Mort puissions dire, que nous viuons, non que nous auôs
vescu. Car qui n'a bien vescu, il vauldroit mieulx n'auoir eu
vie, qui ne sera pour riens comptée vers Dieu immortel, qui
est immortel, pour apres ceste mortelle vie nous faire immor
telz comme luy, Auquel soit gloire, & honneur au siecle des
siecles. Amen.

M iij.

DE LA NECESSITE
de la Mort qui ne laisse riens
estre pardura￢
ble.

VIS QVE DE LA Mort auons
mõstré, & les ymaiges, & les admirables &
ſalubres effectz, Il fault auſſi pour ceulx, q̃
trop aſſeurez ne la craignẽt & n'en ſont cõ
pte, bailler q̃lque eſguillõ de la ſiẽne ineuita
ble fatalité. Dõt ie m'eſbahis cõmẽt il peult
eſtre, q̃ la memoire de la Mort ſoit ſi loing￢
taine de la penſee de pluſieurs, veu qu'il n'ya riens, q̃ iournel
lemẽt ſe repreſente tant deuãt noz yeulx. Pour le premier les
Mortelz ne ſõt ilz appellez de ce vocable de Mort? Parquoy
il eſt impoſſible de nous nõmer, que noz oreilles ne nous ad
mõneſtẽt de la Mort. Quelle lethargie eſt cela? Mais de quel
le aſſeurãce (affin que ie ne dye inſolẽce) peult venir, qu'on y
pẽſe ſi peu? Auons nous tãt beu de ce fleuue Lethes, que l'on
dict fleuue d'obliuion, que de ce qui ne ceſſe de ſe ingerer en
noz penſees, n'en ayõs memoire, ne ſouuenãce? ſõmes nous
ſi en pierres endurciz, qu'en voyant, & ouyant tãt de Mortz
en ce mõde, penſons qu'elle ne nous doibue iamais ſurpren￢
dre? En voyõs nous vng ſeul des Anciens, qui ſoit ſur terre?
En noſtre tẽps meſmes, en voit on vng auql la Mort pardõ￢
ne. Les Maieurs ſen ſont allez. Et leur cõuient bien ce dict
de Cicero, Ilz ont veſcu, & nous ſans aulcune difference allõs
apres eulx, & noſtre poſterité nous ſuyura. Et a la ſorte q̃ rã

uiſſant torrēt, en Occidēt ſommes precipitez. Au milieu des
occiſions des mourãs moribūdes ſommes aueuglez. Et combien que ayons vne meſme condition & vne meſme fatalité
des noſtre naiſſance, nous ne craignons d'y paruenir, le ieune
perſonaige dira. A quoy m'admōneſtes tu de pēſer a la Mort
pour me faire perdre toutes le ioyes de ce mōde? Mon Eage
eſt encores entier, Il ſen fault beaulcoup, que ie n'aye la teſte
griſe, que le front ne me ſoit ridé. Ceulx craignēt la Mort, qui
ſont chenuz, & decrepités. Mais a tel fault reſpōdre, Quel des
dieux tā promis de venir chaulue, & ridé? Si lon ne veoyt les
vieillardz eſtre mys en ſepulture, ie dirois qu'il ne fauldroit
iuſques en vieilleſſe, penſer ala Mort. Mais puis qu'elle vient
& rauit en tout Eage, voire eſtainct les nō encor nez, les gar-
dant plus toſt de venir en vie, q̃ les en oſtãt. Si des māmelles
de leurs meres, elle les vient ſouuent rauir, ſi elle ne faict difference a ſexe, a l'Eage, a beaulté a laydeur. Si lon voit plus de
ieunes gēs, que de vieulx porter a la ſepulture, ie ne ſcay quel
le ieuneſſe, ou aultre abus mondain nous pourra aſſeurer?
Voulez vous oultre les ſimulachres, icy ſa deſſus figurez de
la Mort, que ie vous en mōſtre vng naturel, cler, & maniſe-
ſte? En la Prime vere contemplez vng floriſſant arbre, qui
eſt tant couuert de fleurs, qu'apeine y peult on voir ne bran
ches ne fueilles, promeſtant au voir de ſi eſpeſſes, & belles
fleurs, ſi grāde habōdance de fruictz, qu'il ſemble impoſſible
truouuer lieu, aſſez ample pour les recueillir, Mais d'ung ſi
grāt nōbre de fleurs peu en viēnent a biē. Car vne partie eſt
rōgée des Chenilles, laultre eſt des Yraignes corrūpue. Vne
part du vēt, ou de la gelee, laultre de la pluye eſt abattue. Et
ce qu'en reſte, & qui eſt formé en fruict, a voſtre aduis viēt il
tout a bōne maturité? Certes nō. Pluſieurs fruictz ſont man-
gez des vers, les aultres ſont abattuz des ventz, & gaſtez de

Tempeſte. Aulcuns ſont pourriz par trop grande pluye. Et
pluſieurs par infinitz aultres incõueniens meurēt. Tellement
qu'a la fin d'une ſi riche eſperãce, on n'en recoit q̃ biē peu dé
põmes. Nõ de moindres incõueniens eſt perſecutée la vie hu
maine. Il ya mille nõs de maladies, mille cas fortuitz de Mort,
par leſquelz la Mort en rauit plus deuãt Eage, qu'elle ne faict
par maturité de tẽps. Et a peine entre cent, en y à il vng qui
meure naturellement. C'eſt adire, a qui lhumeur radicalle ne
ayt eſté abbreuíée, ou gaſtée par exces. Et veu q̃ a tant de pe
rilz de Mortz eſt expoſée la vie des mortelz, quel aueuglitte
mēt eſt cela de viure aiſi; cõme ſi no9 ne debuiõs iamais mou
tir. Ie vo9 demãde, Si les ēnemys eſtoiēt a noſtre porte pour
nous dõner l'aſſault, iriõs no9 alors p̃parer baings, & bãquetz
pour no9 gaudir? Et la Mort eſt a no9 plus capitale ennemye,
qui en toute place, a toute heure, en mille embuſches eſt apres
pour no9 ſurprẽdre. Ce pendãt no9 ne nous en ſouciõs. Nous
nous mirons a noſtre Or, Argent & a noz biens. Nous ne
ſoucions de biē nous nourrir, cõuoitons honneurs, dignitez,
& offices. Certes ſi no9 pẽſiõs biē a ce q̃ le prophete no9 dict
en la perſonne du Roy malade, Diſpoſe a ta maiſon; Car tu
mourras incõtinēt. Toutes ces vanitez muſardes no9 ſeroiēt
ameres. Les choſes p̃cieuſes nous ſembleroiēt viles: les nobles
ordes. Et la Mort figurée, ſi elle ſçauoit parler, diroit, A quoy
o Auaricieux, amaſſes tu tãt de treſors, puiſque toſt i'empor
teray tout? A quoy pour vng ſi brief chemin p̃pares tu tant
de baguaige. As tu oublyé ce, qu'il aduit a ce ſot Euãgelique,
auquel ſe reſiouiſſant de ſes greniers biē rempliz & ſen pro-
mettãt grãd chere, fut dict, Sot, ceſte nuict on te oſtera l'ame.
Et ces choſes par toy amaſſees a qui ſeront elles? Au iour de
la Mort, que te reſtera il de toutes ces choſes, pour leſquelles
aquerir, tu as conſumé tout ton Eage? Dou prendras tu ayde
                                           confort,

confort,& fecours.Aux richeffes.Elles n'y peuuent riens,&
delia elles ont aultres Seigneurs.Aux voluptez?Mais icelles,
côme auec le corps elles font accrues,auffi auec le corps elles
meurêt.Recourra lon aux forces de ieuneffe,las a vng chafcũ
fa vieilleffe eft vne Mort. Ou aura lon efpoir,a la grace de
beaulté,par laqlle enorguilliz,on attiroit chafcũ a fõ amour?
Mais tout cela a la mode des Rozes,qui troullées es doigtz
incôtinêt font flacques,& mortes.Ainfi beaulté,cueillie par
la Mort icôtinêt fe fleftrit.Mais q̃ dy ie fleftrit?Mais qui plus
eft,deuiêt en horreur.Car nul n'ayma tant la forme du viuãt,
côme il a en horreur le corps eftainct d'ung trefpaffé. Brief
la gloire ne nous y pourra alors feruir.Car elle eft efvanoye
auec fortune,& profperité.Ne moins tõ9 tes amys.Car alors
n'à vng fi fidele,qui ne t'abandône.Et dequoy te feruira,filz
fe rompêt les poictrines a force de plourer,fi finablemêt ilz
fe font cõpaignõs de ta Mort? Les maulx qu'ilz f'ameinêt,ne
te peuuêt de Mort deliurer.Soyõs dõc faiges de bône heure,
& appareillons les chofes,par lefquelles garniz au iour de la
Mort,affeurémêt puiffiõs aftêdre ce dernier iour.Les richef-
fes,les voluptez,nobleffe,qui aultre foys nous auoiêt pleu,&
efté vtilles,certes a no9 mourãs ne font qu'en charge,& en en
nuy.Et alors vertu nous acõmêce a eftre en vfaige.Elle nous
accõpaigne fans no9 pouuoir eftre oftée,& fi nous en fõmes
biê garniz. Certes c'eft alors,q̃ les vertus feruent. C'eft alors
qu'il eft befoing q̃ l'hôme môftre fa vertu,fa côftace,& fa ma
gnanimité,pour cõbatre côtre le monde,la Mort,& Sathan,
qui luy prefênterôt imaiges trop plus horribles que celles cy
deffus peinctes & defcriptes. Là font reprefentez tous les pe
chez.La terrible Iuftice de Dieu.La face de defefperatiõ.mais
quoy?A l'exêple de noftre Seignûr Iefuchrift,qui en la Croix
auoit heu femblables faces de tentations,quãd on luy difoit,

N

Vah qui deſtruis le Temple, Il ſaulue les aultres & ne ſe peult
ſauluer, Sil eſt filz de Dieu qu'il deſcéde, n̄ aduiſoit & ne ſ'ar-
reſtoit a toutes ces choſes: Mais a Dieu ſon pere, auql il recō-
mandaſon eſperit, Semblablemēt par vne ferme foy, & conſ-
ſtance, fault regecter toutes ces tētatiōs, n'auoir regard a noz
merites, ou demerites: mais ſeullemēt dreſſer ſa penſee, a la mi-
ſericorde de Dieu, laquelle ſeulle peult adoulcir l'amertume
qu'on dict eſtre en la Mort, & vaincre plus, que toutes noz
forces, & noz ennemys.

> Peu de gens, oſent dire aux malades
> la verité, bien qu'ilz congnoiſſent
> qu'ilz ſen vont mourir.

C Eſt vne piteuſe choſe, & en doibt on auoir grande compaſſion de ceulx, qui maladians ſen vont
mourir. Non pource que nous les voyons mourir: mais pource qu'il n'y a ame, qui leur dye ce,
qu'ilz ont a faire, ne cōment ilz doſbuent diſpoſer pour eulx,
& pour leurs ſucceſſeurs. Et certes, alors les princes, & grās ſei-
gneurs, ſont en plus grans perilz quand ilz meurēt, que le petit populaire, tant par la faulte des medecins, la grande turbe
deſquelz perturbe ſi biē l'ung l'aultre, quilz ne ſcaſuēt qu'ilz
ſont: & quelques ſoys, ou par peur de deſplaire les vngs aux
aultres, ou par crainte, que ſi tout ſeul opinoit, ſelon la verité
de la medicine, & que Dieu vouluſt prendre ce Seigneur, ilz
laiſſent a leur ordonner medecine conuenable, & ſouffrent
par diſſimulation leur en eſtre baillée vne non conuenable,
mais du tout contraire a la ſanté du patient. Pareillement les
aſſiſtans au pres du Seigneur malade ne leur oſent dire, qu'il
ſ'en va mourir, & beaucoup moins luy diront ilz, cōment il

fault qu'il meure. Côme lon récite de ce fol d'un Roy qui en-
tendant dire aux medecins, & assistãs auprés dudict seigneur
estant au lict de la Mort, qu'il s'en alloit, le fol s'en alla incontinent houzer, & esperonner, s'apprestant pour s'en aller auec
son Roy, au quel il vint dire; Sire, cõment va cela? t'en veulx
tu aller sans moy? Toutes tes gens disent q̃ tu t'en vas, & toutesfois ie n'en veois nul appariil? Certes plus profita la follie
de ce fol au Roy, que la faulse, & cauteleuse saigesse des gẽs de
sa court. Retournant a propos, Plusieurs vont veoir les malades, lesquelz pleust a Dieu qui ne les allassent visiter. Car
voyãs le malade auoir les yeulx enfoncez, la charneure dessei-
chée, les bras sans poulx, la collere enflabée, la challeur continuelle, l'irreposable tourmẽt, la langue grosse, & noire, & les
espritz vitaulx cõsumez, & finablemẽt voyãt sõ corps ia pres
que cadaueré, encores luy disent ilz, qu'il aye bonne esperãce
qu'il a encores plusieurs bons signes de vie. Et comme ainsi
soit que les ieunes gens desirent naturellemẽt de viure,
& qu'a tous vieillardz leur soit peine de mourir, quand ilz
se veoyẽt en celle extreme heure il n'est medecine, ne secours,
ne remede, qu'ilz ne cherchent, n'esperance, en qui ilz ne
se reconfortent pour prolõger le vie. Et de la s'ensuit que les
chetifz meurent bien souuent, sans confession, sans recepuoir leurs sacrementz, & sans ordonner, qu'on repare les
maulx par eulx faictz, & les tortz qu'ilz tiẽnent d'aultruy. O
si ceulx, qui font telles choses, sçauoient le mal qu'ilz font, ilz
ne cõmettroient iamais vne si grande faulte. Car de me oster
mes biens, persecuter ma personne, denigrer ma renommée,
ruyner ma maison, destruire mõ parẽtaige, scãdalizer ma famille, criminer ma vie, ces ouures sõt d'ũg cruel ennemy. Mais
d'estre occasion, q̃ ie perde mõ ame, pour nõ la cõseiller au besoing, c'est vne oeuure d'ũg diable d'Enfer. Car pire est q̃ vng

diable l'hôme, qui trompe le malade: Auquel au lieu de luy
ayder se met a l'abuser, a luy promettre qu'il ne mourra pas.
Car pl° conuenable est alors luy dôner côseil pour la côscien
ce, que de luy dire parolles plaisâtes pour le corps. Nous som
mes en toutes choses desuergôngnez auec noz anys durât la
vie, & nous nous faisons vergoigneux auec eulx a la Mort, ce
qu'on ne deburoit iamais faire. Car si les trespassez ne suissent
mortz, & si nous ne voyôs les psentz tous les iours mourir,
il me semble q̃ ce seroit hôte, & chose espouuêtable de dire au
malade q̃ luy seul doibt mourir. Mais puys q̃ vo° scauez que
luy, & luy aussi bien que vo°, q̃ tous cheminôs par ceste peril
leuse iournee, quelle vergoigne, ou craincte doibt on auoir,
de dire a sô amy, qu'il est ia ala fin d'icelle iournee? Si au iour
d'huy les mortz resuscitoient, ilz se plaindroiêt merueilleuse
mêt de leurs amis, nô pour aultre chose, q̃ pour ne leur auoir
dôné bô côseil a l'heure de la Mort. Et n'y a aulcun dâger de
les biê côseiller a soy pparer biê qu'ilz s'en estonnêt. Pour aul
tant q̃ nous en voyôs plusieurs qui en ont faict leur debuoir
qui appareillez de mourir, eschappêt biê, Et mourir ceulx, q̃
n'en auoiêt faict aulcune pparatiô, Quel dômaige font ceulx,
qui vôt visiter leurs amys malades, de leur dire, qu'ilz se con
fessent, qu'ilz facent leur testamêt, qu'ilz disposêt de tout ce,
dôt ilz se sentêt chargez, qu'ilz recoiuêt les sacremês, qu'ilz se
recôciliêt auec leurs ennemys? Pour certain toutes ces choses
ne font, ne plus tôst mourir, ne plus lôguemêt viure. Iamais
ne fut aueuglissemêt tant aueuglé, ne ignorâce tant crasse cô
me d'auoir crainte, ou honte de côseiller aux malades ausqlz
on est obligé, ce, qu'ilz ont affaire, ou qlz seroyêt, silz estoiêt
sains. Les hôes prudêtz, & saiges, auant q̃ nature leur defaille,
ou les côtraigne a mourir, ilz doiuêt de leur bô gré, & frâche
volûté mourir, C'est ascauoir, q̃ deuât qu'ilz se voyêt en celle

estroicte heure,tiennēt ordōnées les choses de leur cōscience.
Car si nous tenons pour fol celuy,qui veult passer la mer sans
nauire,tiēdrons nous pour saige celluy, qui n'a nul appareil
pour passer de ce monde en laultre? Que pert vng homme
d'auoir ordōne de son cas,& faict son testamēt,de bōne heure?En q̄l aduēture met il son honneur de soy recōcilier auant
qu'il meure auec ceulx ausq̄lz auoit hayne ou querelles?Quel
credit pert celluy qui restitue en la vie,ce qu'il māde restituer
aꝑs sa mort?En quoy se peult mōstrer vng hōme plus saige,
que a se descharger de son bon gré,de ce,que apres sa Mort
on le deschargera par force de proces? O cōbien de grās per-
sōnages,&de riches peres de famille, q̄ pour n'auoir occupé
vng seul iour a ordōner de leur cas,& faire leur testamēt,ont
faict aller leurs heritiers,& successeurs, apres plaid,& proces
toute leur vie en sorte que pesans,qu'ilz laississent des biens
pour nourrir leurs heritiers,ne les ont laissé q̄ pour clercz,
procureurs,& aduocatz.L'homme qui est bon,& non seinct
Chrestien,doibt en telle maniere ordōner son cas,& corriger
sa vie chasq̄ue matinée,cōment s'il ne debuoit paruenir iusq̄s
a la nuict,ou cōme s'il ne debuoit veoir l'aultre matinée suy-
uante.Car parlant a la verité pour soustenir nostre vie il y a
plusieurs trauaulx:Mais pour choquer auec la Mort,il n'y a
que vng hurt,Si lō dōnoit foy a mes parolles,ie cōseilleroia a
toute personne,qu'il n'osast viure en tel estat,au q̄l pour tout
l'or du monde il ne vouldroit mourir,Les riches,& les pouures,les grans,& les petitz disent trestous,&iurent,qu'ilz ont
peur de la Mort.Ausquelz ie dy,que de celluy seul pouuons
nous auec verité dire quil crainct a mourir,auquel ne voyōs
faire aulcun amēdemēt de sa vie.Parquoy tous se doibuent
acheuer deuāt quilz s'acheuēt,finir auāt qu'ilz finissent,Mou-
rir deuāt qu'ilz meurēt,& s'enterrer auant qu'on les enterre.

Car filz acheuent cecy auec eulx, auec telle facilité laiſſerõt la
vie, cõme ilz ſe mueroient d'une maiſon en vne aultre. Pour
la plus grãd partie taſchent les hõmes parler de loiſir, aller de
loiſir, boire a loiſir, mãger a loiſir: ſeullemẽt au mourir l'hõme
veult eſtre preſſe. Nõ ſans cauſe dy, qu'u mourir les hõmes
ſont haſtifz & preſſifz: puiſque les voyõs faire leur deſcharge
a haſte, ordõner leur teſtamẽt a haſte, ſe cõfeſſer a haſte, ſe cõ
muniquer a haſte, en ſorte quilz le prenent & demandẽr tant
tard, & tant ſans raiſon, que plus prouffite ceſte haſte a toús
aultres, qu'a la ſaluation de leurs ames. Que prouffite le gou
uernail, quand la nauire eſt ſubmargée? Que prouffitẽt les
armes apres que la bataille eſt rompue? Que prouffitent les
emplaſtres, ou medicines, quãd les hõmes ſõt mortz? Ie veulx
dire, dequóy ſert aux malades, apres quilz ſont hórs du ſens,
ou quilz ont perdu les ſentimẽs, appeller les pſtres pour les
cõfeſſer. Treſmal, certes ſe pourra cõfeſſer celluy qui n'à iuge
ment de ſe repentir. Ne s'abuſent les gens diſans quand nous
ſerons vieulx nous nous amenderons. Nous nous repẽtirons
a la Mort. A la mort nous nous cõfeſſerõs. A la mort ſerons
reſtitution. Car à mõn aduis cela n'eſt d'ung hõme ſaige, ne
d'ung bon Chreſtien, demãder qu'il aye reſte de temps pour
pecher, & ſ le tẽps luy faille pour ſoy amẽder, Pleuſt a Dieu
que la tierce part du tẽps, que les gens occupent ſeullemẽt en
penſer cõme ilz pécherõt, qu'ilz l'occupaſſent a pẽſer, cõme
ilz doibuẽt mourir. Et la ſolicitude qu'ilz employẽr pour ac
complir leurs mauluais deſirs, s'employa a plourer du cueur
leurs pechez. Dont c'eſt grãd malheur, ſ auec ſi peu de ſoucy
paſſent la vie en vices & mõdanitez: cõme s'il n'y auoit point
de Dieu, qui quelque iour leur en doibue demãder compte.
Tout le mõde a bride aualée pecheauec eſpérãce qu'en vieil
leſſe ilz ſe amẽderont, & qua la Mort ont à ſoy repẽtir, dont

ſe vouldroye demāder a celluy qui auec telle cōfiance cōmet
le peché.Quelle certainete il a de venir en vieilleſſe,& quelle
aſſeurāce il a d'auoir loiſir a la Mort de ſoy repētir?Car par
experiēce nous voyons pluſieurs,ne venir a vieilleſſe,& pluſieurs qui meurēt ſoubdainemēt. Il n'eſt raiſonnable ne iuſte
que nous cōmettions tant de pechez toute noſtre vie,& que
ne vueillons que vng iour,ou vne ſeulle heure pour les plo-
ſer & ſ'en repentir.Combien que ſi grande ſoit la diuine cle-
mēce,qu'il ſouffiſe a vng perſōnaige d'auoir vne ſeulle heure
pour ſoy repētir de ſa mauluaiſe vie. Touteſſois auec cela ſe
cōſeillerois,que puis que le pecheur pour ſamēder ne vēuſt
que vne ſeulle heure,que ceſte heure ne ſut la derriere:Car le
ſouſpir qui ſe ſaict auec bōne voulēté,& de bon gré,penetre
les cieulx. Mais celluy qui ſe ſaict par cōtrainéte & neceſſité,a
peine paſſe il la couuerture de la maiſō.C'eſt choſe louable ŋ
ceulx qui viſitēt les malades,leur cōſeillent qu'ilz ſe cōſeſſēt,
qu'ilz ſe cōmuniquēt,rendēt leurs deuotions,ſouſpirēt pour
leurs pechez. Finablemēt c'eſt tresbié ſaict de ſaire tout cela.
Touteſſois il ſeroit trop meilleur l'auoir ſaict au parauant,&
de bōne heure.Car le dextre & curieux marinier quād la mer
eſt calme,alors ſe appareille & ſ'appreſte il pour la tormente.
Celluy qui profondement vouldroit conſiderer, combien
peu on doibt eſtimer les biens de ce monde,qu'il aille veoir
mourir vng riche perſonnaige,cōment il eſt en ſa chambre,
ou il verra comme au checiſ malade. La femme demāde ſon
douaire. Lune des ſiles le tiers. Laultre le quart. Le ſilz la
meilleure part de l'heritaige.Le nepueu vne maiſon. Le me-
decin ſon ſalaire.L'apoticaire payemēt de ſes drogues. Les
creanciers leurs debtes.Les ſeruiteurs leurs gaiges & ſalaires.
Et ce qui eſt le pire de tout nul de ceulx,qui doibuēt heriter,
ou en valoir mieulx,eſt là pour luy bailler vng verre d'eaue.

pour boire, ou pour luy refraicher son alterée bouche. Ceulx
qui liront cecy, ou l'orront, doibuent côsiderer que ce, qu'ilz
veirent faire en la Mort de leurs voisins, que ce mesme leur
aduiêdra a la leur Mort. Car tout incôtinent qu'ng riche ser-
re les yeulx, soubdain a grâdes querelles entrent ses heritiers.
Et cecy nô popr veoir qui mieulx se chargera de son Ame,
mais qui plus tost prêdra possession dés biens qu'il laisse. Par
quoy vault trop mieulx en ordôner de bonne heure auec lé
conseil des saiges, qu'ainsi a la haste en ordôner contre raison,
& a l'importunité des desirans, dont puis est causée querelle
& debat entre eulx si grandz & dômalgeux, qu'ilz en maul-
dissent le mort, & l'heure, que jamais il leur a laisse aukuns
biens. On en voit l'experience journellemêt. Parquoy seroit
chose superflue den vouloir occuper le papier. Me côtentans
pour ceste heure, d'aduiser yng chascû qu'il doibt vne Mort
a Dieu & nô deux. Parquoy q de bône heure on face si bône
prouision de la luy biê payer, qu'il nous en redône en laultre
môde celle vie tant bien heureuse, qui ne peult mourir.
Amen.

EXCVDEBANT LVGDV
NI MELCHIOR ET
GASPAR TRECHSEL
FRATRES. 1538

www.ingramcontent.com/pod-product-compliance
Lightning Source LLC
Chambersburg PA
CBHW070021110426
42741CB00034B/2281